"十三五"江苏省高等学校重点教材(编号2019-2-102)

中外幼儿教育名著选读

胡伟 田燕 编著

南京大学出版社

前　言

列夫·托尔斯泰认为："理想的书籍是智慧的钥匙。"阅读教育经典著作,尤其是中外幼儿教育经典著作,对于教育专业的师范生至关重要。通过阅读,可以扩展学生的知识面,使学生深入了解相关教育理论,从而帮助学生从更为宏观的视角看待教育问题,分析教育现象,掌握教育原理。

本书涉及的教育经典著作既关注一般的教育基本问题,又关注具体的学前教育问题。从编写框架来说,本书所涉及的幼儿教育类名著是按时间维度的纵轴和主题维度的横轴展开的。对每本经典著作的分析包括作者介绍、内容简介、内容解读、总体评价、原文选读等方面。

主题一:教育原理。主要选取了古今中外的大教育经典著作,讨论了教育的一些基本问题。涉及的教育学经典有《论语》《教育的真谛》《爱弥儿》《教育漫话》《什么是教育》《学会生存:教育世界的今天和明天》。

主题二:教师发展。主要围绕教师专业发展这一问题选取经典著作。涉及的教育学经典有《师道实话》《大教学论》《给教师的建议》《教师的挑战》。

主题三:儿童教育。主要围绕儿童教育这一幼儿教育基本问题选取经典著作。涉及的教育学经典有《家庭教育与父母教育》《幼稚园教材研究 幼稚教育新论》《童年的秘密》《幼儿教育的原点》《童年与社会》《育儿之心》。

主题四:儿童发展。主要选取了教育心理学的相关经典著作。涉及的教育学经典有《我们怎样思维·经验与教育》《思维与语言》《儿童教育心理学》《教育科学与儿童心理学》。

本书对每本经典著作的具体解读,还融入了"中外幼儿教育名著选读"课堂教学过程中的师生互动成果,尤其是16级学前定向班的全体同学为本教材的编写提供了大量的材料。另外,本书在编写出版过程中,还得到了南京大学出版社的大力支持。由于编者水平有限,书中不免会有不当及疏漏之处,敬请各位读者提出宝贵的意见和建议。

胡　伟

2020 年 7 月

目　录

引 言 选书与读书

任何一种学问的书籍现在都可以装满一个图书馆，其中真正绝对不可不读的著作，往往不过数十部甚至数部。

——朱光潜

选　书

一、选经典

广泛涉猎人文社科领域(哲学、政治、经济、历史、文学、艺术等)经典著作及自然科学尤其是生命科学、行为科学、脑科学、心理学等方面的经典著作。通过对经典著作的广泛涉猎,可以开阔视野,增长综合知识,促进个人成长。

如:康德《纯粹理性批判》、海德格尔《存在与时间》、休谟《人性论》、李泽厚《中国近代思想史论》、罗素《人类的知识》、朱光潜《西方美学史》、卢梭《社会契约论》、弗洛伊德《梦的解析》、马克思与恩格斯《资本论》、马克斯韦伯《新教伦理与资本主义精神》、阿马蒂亚森《以自由看待发展》、亨廷顿《文明的冲突与世界秩序的重建》、霍金《时间简史》、克劳斯《第四次工业革命——转型的力量》、罗宾《什么是数学》、任美锷《中国自然地理纲要》。

二、选教育学经典

教育学作为一级学科,下设教育学原理、课程与教学论、比较教育学、教育史、教育技术、高等教育学、学前教育学等二级学科。关于大教育学的经典著作是非常重要的入门基础。通过阅读,可以帮助我们夯实教育学学科理论,认识教育规律,把握学科发展脉络,了解教育学和教育事业的前沿发展动态,打好教育学的学科基础。

如:杜威《民主主义与教育》、洛克《教育漫话》、卢梭《爱弥儿》、雅斯贝尔斯《什么是教育》、陶行知《教育的真谛》、布鲁贝克《高等教育哲学》、夸美纽斯《大教学论》、赫尔巴特《普通教育学》、陈桂生《师道实话》、吴康宁《重新发现教师》、佐藤学《教师的挑战》、联合国教科文组织《学会生存——教育世界的今天和明天》及《反思教育》、蔡元培《就任北京大学校长之演说》、苏霍姆林斯基《给教师的建议》、裴娣娜《教育研究方法导论》、袁振国《教育研究方法》、杨东平《艰难的日出——中国现代教育的20世纪》、哈佛教育学院《逆转潮流》。

三、选学前教育学经典

聚焦在学前教育专业方向的经典著作,扎实掌握本专业基本理论,了解专业发展脉络,把握专业前沿发展动态。阅读学前教育的经典著作,可以夯实学科理论,认识儿童身心发展规律,把握儿童教育的方式和方法,了解学科发展脉络,了解学前教育的发展前沿和动态。

如:夸美纽斯《母育学校》、裴斯泰洛齐《林哈德与葛笃德》、蒙台梭利《童年的秘密》、科萨罗《童年社会学》、埃里克森《童年与社会》、维果斯基《思维与语言》、德布雷《儿童心理学》、皮亚杰《教育科学与儿童心理学》、木村久一《早期教育与天才》、陈鹤琴《家庭教育与父母教育》、张雪门《幼稚园教材研究　幼稚教育新论》、高杉自子《幼儿教育的原点》、杜威《我们怎样思维·经验与教育》、阿德勒《儿童教育心理学》。

读　书

　　阅读是一种主动的活动。阅读一般分做三种目的：娱乐消遣、获取资讯、增进理解力。只有最后一种目的的阅读能帮助阅读者增长心智，不断成长。

一、阅读的四个层次

　　《如何阅读一本书》是一本讲解阅读的专业书籍，该书主要论述指导如何通过阅读增进理解力。它将阅读分为四个层次：基础阅读、检视阅读、分析阅读、主题阅读。阅读的四个层次是渐进掌握的，上一层次包括下一层次阅读法。

（一）基础阅读

　　第一层次的阅读，称为基础阅读（elementary reading）。书中指出一个人只要熟练这个层次的阅读，就摆脱了文盲的状态，至少已经开始认字了。在熟练这个层次的过程中，一个人可以学习到阅读的基本艺术，接受基础的阅读训练，获得初步的阅读技巧。在这个层次的阅读中，要问读者的问题是："这个句子在说什么？"

（二）检视阅读

　　第二个层次的阅读，称为检视阅读（inspectional reading）。是在一定的时间之内，抓出一本书的重点。也可以称之为略读或预读。这个层次要问的典型问题就是："这本书在谈什么？"

（三）分析阅读

　　第三种层次的阅读，称为分析阅读（analytical reading）。分析阅读是全盘的阅读、完整的阅读，或是说优质的阅读，是读者能做到的最好的阅读方式。如果说检视阅读是在有限的时间内，最好也最完整的阅读，那么分析阅读就是在无限的时间里，最好也最完整的阅读。分析阅读就是要咀嚼与消化一本书。如果只是为了获得资讯或消遣，就没有必要用到分析阅读，分析阅读的目的主要是对文本进行深层次理解。

（四）主题阅读

　　第四种，也是最高层次的阅读，称为主题阅读（syntopical reading）。在做主题阅读时，阅读者会读很多书，而不是一本书，并列举出这些书之间相关之处，提出一个所有的书都谈到的主题。但只是书本字里行间的比较还不够，主题阅读涉及的远不止此。借助所阅读的书籍，主题阅读者要能够架构出一个可能在哪一本书里都没提过的主题分析。因此，很显然的，主题阅读是最主动，也最花力气的一种阅读。

　　除了介绍四个层次的阅读方法外，作者也介绍了阅读不同读物的方法，包括实用型的书、想象文学、故事、戏剧与诗、历史书、科学与数学、哲学书、社会科学等。在书中的最后一章,作者指出了阅读与心智成长之间的关系。"好的阅读,也就是主动的阅读,不只是对阅读本身有用,也不只是对我们的工作或事业有帮助,更能帮助我们的心智保持活力与成长。"当然,正如朱光潜先生所说:"读书并不在多,最重要的是选得精,读得彻底,与其读十部无关轻重的书,不如以读十部书的时间和精力去读一部真正值得读的书。"少读如果彻底,必能养成深思熟虑的习惯,涵泳优游,以至于变化气质;多读而不求甚解,譬如驰骋十里洋场,虽珍奇满目,徒惹得心花意乱,空手而归。

二、名人读书法

(一)周国平读书法

周国平,1945 年生于上海。当代著名哲学家、作家,中国社会科学院哲学研究所研究员。周国平认为"阅读唤醒完整的自我"。人不能缺少两个朋友,一个朋友是自己,这一观点是古希腊哲学家强调的。可以通过写日记的方式来提高自己,这是一个不断反思的过程,使自己成为更强大的自我。另一个朋友是好书。周国平读书有三个特点:第一是"不务正业",也就是不受专业限制,什么书都看。第二是"不走弯路,直奔大师"。读书的时间是有限的,读什么样的书决定你的精神成长是什么样,所以要读经典。第三是"不求甚解,为我所用",对于一般的阅读,没必要死抠含义。在周国平看来,读书最快乐的时候是把你本来就已经有的你却不知道的东西唤醒了。

(二)杨绛读书法

杨绛,1911 年生于北京,祖籍江苏无锡。中国现当代著名作家、戏剧家、翻译家、外国文学研究家。杨绛认为"读书好比串门儿——'隐身的串门儿'。要参见钦佩的老师或拜谒有名的学者,不必事先打招呼求见,也不怕搅扰主人。"经常在书里"串门儿"可以脱去几分愚昧,多长个心眼儿。然而知识浩瀚无边,不可能全部习得,所以,生也有涯知也有涯。

(三)胡适读书法

胡适,1891 年生于上海。著名思想家、文学家、哲学家。曾任北京大学教授、校长。关于读书的方法,胡适认为"读书有两个要素:第一要精,第二要博。读书要做到四到:眼到、口到、心到、手到。"眼到是要个个字认得,不可随便放过。口到是一句一句要念出来。心到是每章每句每字意思如何?何以如是?手到就是要劳动劳动你的贵手,比如翻查字典,作读书札记。而对于"博",什么书都要读,就是博。胡适对于"博"的含义指出,"为预备参考资料计,不可不博;为做一个有用的人计,不可不博。"

【参考文献】

1. 〔美〕莫提默·J·艾德勒,查尔斯·范多伦. 如何阅读一本书[M]. 郝明义,朱衣,译. 北京:商务印书馆,2004.

2. 中国图书评论学会. 读书的方法与艺术[M]. 北京:人民出版社,2017.

主题一　教育原理

　　所谓教育，不过是人对人的主体间灵肉交流活动（尤其是老一代对年轻一代），包括知识内容的传授、生命内涵的领悟、意志行为的规范、并通过文化传递功能，将文化遗产交给年轻一代，使他们自由地生成，并启迪其自由天性。

——雅斯贝尔斯《什么是教育》

《论 语》

推荐版本

书名:《论语》

作者:孔子

译注者:陈晓芬

出版社:中华书局

出版时间:2016 年

一、作者简介

孔子(公元前 551—公元前 479 年),名丘,字仲尼,春秋后期鲁国人。中国古代思想家、教育家,儒家学派创始人。孔子开创了私人讲学之风,倡导仁义礼智信。有弟子三千,其中贤人七十二。曾带领部分弟子周游列国十三年,晚年修订《诗》《书》《礼》《乐》《易》《春秋》六经。孔子去世后,其弟子及再传弟子把孔子及其弟子的言行语录和思想记录下来,整理编成《论语》。该书被奉为儒家经典。

孔子在世时被尊奉为"天纵之圣""天之木铎",更被后世统治者尊为"孔圣人""至圣""至圣先师""大成至圣文宣王先师""万世师表"。其思想对中国和世界都有深远的影响,其人被列为"世界十大文化名人"之首。随着孔子影响力的扩大,祭祀孔子的"祭孔大典"一度成为和中国祖先神祭祀同等级别的"大祀"。

二、内容简介

《论语》是儒家学派的经典著作之一,是一部以记言为主的语录体散文集,成书于战国前期。主要以语录和对话文体的形式记录了孔子及其弟子的言行,涉及了政治、教育、文学、哲学以及立身处世的道理等方面。

早在春秋后期孔子设坛讲学时期,《论语》内容就已初始创成;孔子去世以后,他的弟子和再传弟子代代传授他的言论,并逐渐将这些口头记诵的语录言行记录下来,因此称为"论";《论语》主要记载孔子及其弟子的言行,因此称为"语"。

清朝赵翼解释说:"语者,圣人之语言,论者,诸儒之讨论也。"其实,"论"又有纂的意思,所谓《论语》,是指将孔子及其弟子的言行记载下来编纂成书。

现存《论语》20篇,492章,其中记录孔子与弟子及时人谈论之语约444章,记孔门弟子相互谈论之语48章。

作为儒家经典的《论语》,其内容博大精深,包罗万象,《论语》的思想主要有三个既各自独立又紧密相依的范畴:伦理道德范畴——仁,社会政治范畴——礼,认识方法论范畴——中庸。

"仁"是《论语》的思想核心。仁,是人内心深处的一种真实的状态,折中的极致必然是善的,这种真和善的全体状态就是"仁"。孔子确立仁的范畴,进而将礼阐述为适应仁、表达仁的一种合理的社会关系与待人接物的规范,进而明确"中庸"的系统方法论原则。

三、内容解读

(一) 有教无类

春秋时期,呈现了学术下移、士阶层崛起、官学衰败、私学兴起、思想大解放等时代特征。私学的兴起,打破了奴隶主贵族对教育的垄断,孔子顺应历史发展的潮流创办私学,提出了"有教无类"的思想。

"有教无类"出自《论语·卫灵公》篇,子曰:"有教无类。"是指不管什么人都可以受到教育。孔子打破了"学在官府"的垄断,首创私学,使平民子弟也平等地获得接受教育的机会。孔子声称:"自行束脩以上,吾未尝无诲焉。"意思是:只要送上微薄的十条干肉作为拜师礼,我没有不给予教育的。

孔子"有教无类"的思想主要有两种解释框架。

第一,字义式解释框架。在解释"有教无类"时,着眼于从字的各种含义来寻求解释。有研究总结,"类"可以有三种含义:一是指族类,即宗族、部族的区别;二指种类,此义既包含族别,也包含等级区别即贵贱贫富的分类;三指相似,乃种类的引申义。

第二,依据假设的解释框架。中华人民共和国成立后,尤其是20世纪80年代以来,普及义务教育是教育研究领域中最重要的诉求,因而在探求"有教无类"的含义时,我们总是从教育对象这个角度去思索,然后在文献中寻找各种支持。如孔子学生的出身,这是最经常被用来证实孔子的教育不分阶级、地位、种族、贫富的。

孔子在长期教育实践中,积极倡导有教无类,扩大了教育的对象,具有鲜明的追求教育平等的倾向。其弟子来自鲁、齐、晋、宋、陈、秦、楚等不同国度,这不仅打破了当时的国界,也打破了当时的夷夏之分,如孔子吸收了被中原人视为"蛮夷之邦"的楚国人公孙龙和秦商入学,还欲居"九夷"施教。孔子弟子中有来自贵族阶层的,如南宫敬叔、司马牛、孟懿子,但更多的是来自平民家庭的,如颜渊:"一箪食,一瓢饮,在陋巷,人不堪其忧"(《雍也》),显然是寒门子弟;公冶长"虽在缧绁之中,非其罪也"(《公冶长》),有罪无罪姑且不论,但其曾是囚犯当是无疑的;樊迟"请学稼",可见是农家子弟;子张是鲁之鄙人等。

在孔子总体思想下解读有教无类。《论语》的全部内容基本上反复涉及"仁""礼""道""忠""孝""信""恕""学"等主题和概念,构成孔子一整套的道德学说。孔子把政治理想建筑在他的伦理学思想之上,而并不关注制度或机构。关于孔子的"仁",有很多不同角度的理解与阐释。可以确定的是,孔子非常倚重人的道德,并赋予人的道德一种神秘的力量。据此,可以说孔子的"有教无类"是在表述他的价值观,即教化于社会或国家非常重要,通过教化,要消泯不同族类的文化差异,使人们拥有道德或文化——这种道德或文化被他借用传统表达出来了。这种文化是一元的、人道的,是"仁"。

后世经典理解来自南宋朱熹的《论语章句集注》。朱熹注曰:"人性皆善,而其类有善恶之殊者,气习之染也,故君子有教,则人皆可以复于善,而不当复论其类之恶矣。"

综上,"有教无类"在教育对象上一方面已经打破了族类、地域、贵贱、职业等方面的限制条件,而把真正的人作为教育对象。另一方面,"有教无类"体现了教育对象不论智愚、善恶和年龄,只要虚心求教,都给予热心教诲之意,重视人的自然属性。

"有教无类"作为一种教育理念,得到了中国乃至全世界的广泛认可。在教育面前人人平等,每个人都有接受教育的权利,教育没有高下贵贱之分。

"有教无类"的社会意义在于首创性地打破"学在官府"的体制,打破仅从贵族中吸纳教育对象的固有限制,切实实践教化民众以增强国家实力,维护稳定统治的教育原则,积极推广私学,使任何愿意受教治学之人都能获得受教育的机会。史书上所述:"弟子三千,贤人七十二",彰显了孔门教学情形之盛,展现了孔子教育实践与研究的辉煌业绩。

随着历史车轮的不断推进,随着时代的不断发展,随着世界范围内的不同文化间不断撞击与融合,随着"天赋人权"等科学先进理念的引进,"有教无类"的教育公平原则也在不断突破其原有局限,不断注入新的时代内涵,迄今仍然拥有不言而喻的借鉴和指导意义。对"有教无类"现代价值的思考是对当今教育发展的反思,是对"有教无类"之平等、正义价值理念的挖掘与追求,是对"在教育面前人人平等"价值理念,基于平等而又高于平等道德情操的崇尚与追求。

（二）因材施教

"因材施教"出自《论语·先进》篇，子路问："闻斯行诸?"子曰："有父兄在，如之何其闻斯行之?"冉有问："闻斯行诸?"子曰："闻斯行之。"公西华曰："由也问:'闻斯行诸?'子曰:'有父兄在。'求也问:'闻斯行诸?'子曰:'闻斯行之。'赤也惑，敢问。"子曰："求也退，故进之;由也兼人，故退之。"

译文:子路问道："听到一件合于义理的事，立刻就去做吗?"孔子说："父亲和兄长还活着，怎么可以（不先请教他们）听到了就去做呢?"冉有问道："听到一件合于义理的事，立刻就去做吗?"孔子说："听到了应该立刻就去做。"公西华说："仲由问'听到一件合于义理的事，立刻就去做吗?'时，您回答'还有父兄在，怎么可以听到了立刻就去做?'冉有问'听到一件合于义理的事，立刻就去做吗?'时，您回答'听到了应该立刻就去做'。我感到迷惑，我大胆地请问这是什么缘故呢?"孔子说："冉求畏缩不前，所以我鼓励他进取;仲由好勇过人，所以提醒他退让些。"

虽说"天赋人权，生而平等"，但作为具体的每一个个人，其千差万别的差异性，则是自然、客观地存在着。即如那些未必科学客观的分类:有的"智"，有的"愚";有的"贤"，有的"不肖"……对此，我们的圣哲先贤们就有这样的通识，即通过教育，可以消除这些差别。具体地说，就是要运用"因材施教"的科学方法来落实"有教无类"的原则。

首先，在对待学生的态度上一视同仁。在孔子的私学里，孔子弟子有德才高下之分，却没有论资排辈和亲疏贵贱之别。孔子对学生都是无私无隐、一视同仁，包括对他的儿子孔鲤。孔子本人曾对弟子们表示:"二三子，以我为隐乎? 吾无隐乎尔，吾无行而不与二三子者。"孔子在教学过程中对学生一视同仁的态度，体现了他对学生的尊重和把学生当作真正的人来看待。这样有利于每一个学生获得均等的发展机会，也有利于那些处于不同层次学习的人增强信心，减轻压力，不断地完善自己。

其次，在教学方法上因材施教。"因材施教"是孔子"有教无类"配套的教学方法。孔子的学生是"无类"的，老少、贵贱、智愚等，情况千差万别。在这种情况下，不可能也不能采用统一的教学模式，因此只能从各个学生实际情况出发，根据学生个性特点和具体要求来进行教育，保证"有教无类"的顺利实施。承认人的智能有差别，性格有不同的特点，针对人的不同特点施教，使人的潜能得以充分的发挥，这是人本主义教育应当遵循的基本原则，可以说孔子在教育的具体实践中充分贯彻了这一原则。

孔子将"因材施教"这种方法恰到好处地运用到教学当中的前提条件是他能够准确深入地了解他的学生。孔子常用的了解学生的方法有两个:一是个人观察，二是谈话交流。关于个人观察，孔子较为全面地从言行、独处、动机等方面来了解学生，如《论语》中所记载的"听其言而观其行"(要避免单凭言论来对学生做出判断，要具体看他的言行)、"省其私"(要看学生远离老师视线即私底下的表现，这才能真实地了解学生)、"视其所以，观其所由，察其所安"(在观察一个人的时候，不仅要看他的行为，而且要看他行为背后的动机，考察他为什么这样做，他这么做的目的是什么)，都是关于孔子如何开展因材施教的具体操作。孔子通过各种方式的谈话与交流，更好地了解了学生的兴趣志向,为开展针对性的教学打下了坚实基础。

因材施教的施行对教师提出了高要求:第一,教师要学会观察。赫尔巴特曾说过:"个性只能被发现,而不能由心理学推断出来。"孔子对学生个性的深刻了解是通过细致的观察得来的。观察学生是一个优秀教师的基本功,孔子在观察学生方面给为人师者积累了多方面的经验。教师要亲自观察学生的行为,克服主观臆想,提高知人之明,准确地对学生下定义。

第二,教师要改变学生观,树立学生主体观。教师要尊重个体的需要,尊重学生差异,尊重学生鲜活的生命特点,追求每一个学生身心的和谐发展,照顾到每一个学生的个别差异,有意识、自觉地因材施教。

第三,教师要有高超的教学技能和丰富的教学经验,不断提高自己的科研能力和信息技术应用能力。教师要在已有的教学技能和教学经验的基础上,不断开拓创新,实现自我发展,为新手型教师和熟手型教师树立一个良好的学习榜样。

第四,教师要热爱学生,热爱教学事业。教师既要传道授业解惑,还要关心爱护学生,成为学生的朋友,这是优秀教师应该具备的必要品质。合格的教师要把教育当作自己的生活方式,而不是简单地把教育当作普通的职业。教师要以学生为主体,真正了解学生的发展规律,注重发展学生的智力,发掘学生的潜力,培养学生健全的人格。

第五,教师要有诲人不倦的专业情意。教师不仅要有"知教"的能力,还要有"好教"和"乐教"的态度与精神。教师的态度、专业发展动机、信念和实践等都是影响教学反思的重要因素。教师要端正教学态度,坚定专业理想,克服职业倦怠。

孔子首创因材施教的教学方法,在充分了解每个弟子特点的基础上有针对地进行教学,从而使他们每个人都能获得符合自身个性的知识,发挥各自的专长。朱熹把孔子这一教学经验概括为"孔子施教,各因其材"。孔子所处的春秋时期官学的发展处于低谷,出现了"天子失官,学在四夷"的历史现象。孔子一生漂泊,其讲学场所往往表现出极大的不确定性,由此带来的直接影响便是受教群体表现出极大的差异性。所以,他在施教过程中往往因地、因人、因事、因时而表现出不确定性,这便是学界常说的"教无定所、教无定时、教无定规"。正是在无定所、无定时、无定规的教学实践中,孔子逐渐提炼出了"因材施教"的教学原则,以最大可能地激发受教者的潜能。这对于后世产生了极大的影响。

四、总体评价

《论语》多为语录,但都辞约义富,有些语句、篇章形象生动。《论语》的主要特点是语言简练、用意深远,有一种雍容和顺、纡徐含蓄的风格,在简单的对话和行动中展示人物形象,同时语言浅近易懂,接近口语。

孔子是《论语》描述的中心,书中不仅有关于他的仪态举止的静态描写,也有关于他的个性气质的传神刻画。此外,围绕孔子这一中心,《论语》还成功地刻画了一些孔门弟子的形象。如子路的率直鲁莽、颜回的温雅贤良、子贡的聪颖善辩,都称得上个性鲜明,能给人留下深刻印象。

《论语》进入经书之列是在唐代。"到唐代,礼有《周礼》《仪礼》《礼记》,春秋有《左传》《公羊》《谷梁》,加上《论语》《尔雅》《孝经》,这样是十三经。"北宋政治家赵普曾有"半部《论语》治天下"之说。这从一个侧面反映出此书在中国古代社会所发挥的作用与影响之大。《论语》中保留了一些人们对孔子师徒的批评讽刺,有的做了辩驳,有的没有回答。其驳议辩难部分对后世很有影响,如《答客难》等设为主客问答进行辩难的小赋,都从《论语》受到启发;其自我解嘲部分,表现了儒家对自我价值的肯定,对"知其不可为而为之"的积极奋进精神的赞扬。

《论语》自汉武帝"罢黜百家,独尊儒术"之后,被尊为"五经之辖辖,六艺之喉衿",是研究孔子及儒家思想尤其是原始儒家思想的第一手资料。南宋时朱熹将《大学》《中庸》《论语》《孟子》合为"四书",使之在儒家经典中的地位日益提高。元代延祐年间,科举开始以"四书"开科取士。此后一直到清朝末年推行洋务运动,废除科举之前,《论语》一直是学子士人推施奉行的金科玉律。

五、原文选读

学而篇

子曰:"学而时习之,不亦说乎?有朋自远方来,不亦乐乎?人不知而不愠,不亦君子乎?"

有子曰:"其为人也孝弟,而好犯上者,鲜矣;不好犯上而好作乱者,未之有也。君子务本,本立而道生。孝弟也者,其为仁之本与!"

子曰:"巧言令色,鲜矣仁!"

曾子曰:"吾日三省吾身:为人谋而不忠乎?与朋友交而不信乎?传不习乎?"

子曰:"道千乘之国,敬事而信,节用而爱人,使民以时。"

子曰:"弟子入则孝,出则弟,谨而信,泛爱众,而亲仁,行有余力,则以学文。"

子夏曰:"贤贤易色;事父母,能竭其力;事君,能致其身;与朋友交,言而有信。虽曰未学,吾必谓之学矣。"

子曰:"君子不重则不威,学则不固。主忠信,无友不如己者,过,则勿惮改。"

曾子曰:"慎终追远,民德归厚矣。"

子禽问于子贡曰:"夫子至于是邦也,必闻其政,求之与,抑与之与?"子贡曰:"夫子温、良、恭、俭、让以得之。夫子之求之也,其诸异乎人之求之与?"

子曰:"父在,观其志;父没,观其行;三年无改于父之道,可谓孝矣。"

有子曰:"礼之用,和为贵。先王之道,斯为美,小大由之。有所不行,知和而和,不以礼节之,亦不可行也。"

有子曰:"信近于义,言可复也。恭近于礼,远耻辱也。因不失其亲,亦可宗也。"

子曰:"君子食无求饱,居无求安,敏于事而慎于言,就有道而正焉。可谓好学也已。"

子贡曰:"贫而无谄,富而无骄,何如?"子曰:"可也。未若贫而乐,富而好礼者也。"子贡曰:"《诗》云:'如切如磋,如琢如磨',其斯之谓与?"子曰:"赐也,始可与言《诗》已矣,告诸往而知来者。"

子曰:"不患人之不己知,患不知人也。"

【参考文献】

1. 南怀瑾. 论语别裁[M]. 上海:复旦大学出版社,2005.
2. 李泽厚. 论语今读[M]. 北京:世界图书出版公司,2018.
3. 杨伯峻. 论语译注[M]. 北京:中华书局,2009.
4. 钱穆. 论语新解[M]. 北京:生活·读书·新知三联书店,2005.

《教育的真谛》

推荐版本

书名:《教育的真谛》

作者:陶行知

出版社:长江文艺出版社

出版时间:2013 年

一、作者简介

　　陶行知(1891—1946 年),安徽省歙县人,中国人民教育家、思想家,伟大的民主主义战士,爱国者,中国人民救国会和中国民主同盟的主要领导人之一。

　　1908 年,十七岁的陶行知考入了杭州广济医学堂。1915 年入读美国哥伦比亚大学,师从约翰·杜威攻读教育学博士。1917 年秋回国,先后任南京高等师范学校、国立东南大学教授、教务主任等职。1926 年起发表了《中华教育改进社改造全国乡村教育宣言》。1929 年圣约翰大学授予他荣誉科学博士学位,表彰他为中国教育改造事业做出的贡献。1931 年主编《儿童科学丛书》。1935 年,在中国共产党"八一宣言"的感召下积极投身抗日救亡运动。1945 年当选中国民主同盟中央常委兼教育委员会主任委员。代表作有《中国教育改造》《行知书信》等。

二、内容简介

《教育的真谛》精选了陶行知先生教育思想的精华,对现代教育者和为人父母者都具有高屋建瓴的指导意义。内容分为实践篇、创新篇、求真篇、育人篇、民主篇、儿童教育篇。

其中,实践篇(教学做合一)包括 6 篇文章,诸如教学做合一;行是知之始;答朱端琰之问;半周岁的燕子矶国民学校——一个用钱少的活学校;教学做合一下之教科书;湘湖教学做讨论会记。

实践篇(生活即教育)包括 10 篇文章,诸如生活即教育;生活教育之特质;生活工具主义之教育;谈生活教育——答复一位朋友的信;生活教育的创立与成长;实际生活是我们的指南针——给全体同学的信;从野人生活出发;以大自然为生物园——致台和中;仍在不辍研究中的"活的教育";普及现代生活教育之路。

实践篇(社会即学校)包括 4 篇文章,诸如谈社会大学;生活即教育;创造的教育;中国大众教育概论。

创新篇(教育是动态的,要接受熏陶)包括 8 篇文章,诸如创造宣言;新教育;教育的新生;传统教育与生活教育有什么区别;创造的教育;目前中国教育的两条路线——教劳心者劳力,教劳力者劳心;师范教育之彻底改革——答石民佣等的信;杀人的会考与创造的考成。

求真篇(学会做人,学做真人)包括 6 篇文章,诸如每天四问;学生的精神;学做一个人;"伪知识"阶级;一个教师与家长的答复——出头处要自由;追求真理做真人——致陶晓光。

育人篇(以教人者教己,在劳力上劳心)包括 13 篇文章,诸如以教人者教己;教学合一;学生自治问题之研究;教育与科学方法;我之学校观;我们的信条;如何引导学生努力求学——给正之先生的信;师范生的第一变——变个孙悟空;师范生的第二变——变个小孩子;十二个字的理论——致吴树琴;填鸭教育;育才十字诀;育才二十三常能。

民主篇(文化为公,教育为公)包括 6 篇文章,诸如平民教育概论;普及什么教育;怎样培养普及教育的人才;文化细胞;民主教育;民主教育之普及。

儿童教育篇(小孩子有不可思议的力量)包括 9 篇文章,诸如创造的儿童教育;儿童科学教育;儿童教育的任务——致业勤;小孩子有不可思议的力量——致潘一尘;育才三方针;民主的儿童节;育才学校创办旨趣;敲碎儿童的地狱,创造儿童的乐园;人生最大的目的还是博爱——致陶宏。

三、内容解读

(一) 实践篇:教学做合一

答朱端琰之问

什么是做?陶行知指出:"'做'字在晓庄有个特别定义。这定义便是在劳力上劳心。单纯的劳力,只是蛮干,不能算做;单纯的劳心,只是空想,也不能算做;真正的做只是在劳力上劳心。"做必须用器官,不但要用身上的器官,而且要用身外的工具。做什么事便用什么工具。

以实际生活为中心的教育是否能够顾到人生的全部?教学做有一个公共的中心,就是"事",就是实际生活。实际生活,说得明白些便是日常生活。

(二)实践篇:生活即教育

生活即教育

关于生活即教育的解释,陶行知有两套观点。第一套:是生活就是教育;是好生活就是好教育,是坏生活就是坏教育;是认真的生活,就是认真的教育,是马虎的生活,就是马虎的教育;是合理的生活,就是合理的教育,是不合理的生活,就是不合理的教育;不是生活就不是教育;所谓之"生活",未必是生活,就未必是教育。

第二套:是康健的生活,就是康健的教育,是不康健的生活,就是不康健的教育;是劳动的生活,就是劳动的教育,是不劳动的生活,就是不劳动的教育;是科学的生活,就是科学的教育,是不科学的生活,就是不科学的教育;是艺术的生活,就是艺术的教育,是不艺术的生活,就是不艺术的教育;是改造社会的生活,就是改造社会的教育,是不改造社会的生活,就是不改造社会的教育;是有计划的生活,就是有计划的教育,是没有计划的生活,就是没有计划的教育。

要先能做到"社会即学校",然后才能讲"学校即社会";要先能做到"生活即教育",然后才能讲到"教育即生活"。这样的学校才是学校,这样的教育才是教育。

(三)实践篇:社会即学校

谈社会大学

陶行知认为,"要真正把社会大学办起来,要采用简单的方法,其中包含三个因素:第一个是要有热心的教授,第二个是要有好学而有大学力的失学青年,第三个要有大学之道。"社会大学的创办是独特的,他可以有三种方式出现。第一种,重庆社会大学的方式。好学的青年团结起来,自己发起,自己筹备、筹款,自己推董事,选校长,开出聘请教授名单。第二种,这将在别的地方可被采用,热心的在野在朝的教授团结起来,找好学的学生,自己的朋友,合力创办。第三种,社会贤达团结起来,找热心的教授,好学的学生,共同来创办。

(四)创新篇:教育是动态的,要接受熏陶

新教育

新教育中新字的第一个意义要"自新"。今日新的事,到了明日未必新;明日新的事,到了后日又未必新。即如洗澡,一定要天天洗,才能天天干净。这就是日日新的道理。所以新字的第二个意义要"常新"。我们所讲的新,不单是属于形式的方面,还要有精神上的新。这样才算是内外一致,不偏不倚。所以新字的第三个意义要"全新"。

新教员不重在教,重在引导学生怎么样去学。对于教育,第一,要有信仰心;第二,要有责任心;第三,做新教员的要有共和精神;第四,要有开辟精神;第五,要有试验的精神。

（五）求真篇:学会做人,学做真人

每天四问

陶行知提出四个问题,叫作"每天四问"。第一问:我的身体有没有进步? 第二问:我的学问有没有进步? 第三问:我的工作有没有进步? 第四问:我的道德有没有进步? 关于第一问,要注意"科学的观察与诊断""饮食的调节与改进""预防疲劳的休息""用卫生教育代替医生"。关于第二问,重在"一"(专一)、"集"(搜集)、"钻"(深入)、"剖"(分析)、"韧"(坚韧)五个字。关于第三问,要注意"站岗位""敏捷正确""做好为止"。关于第四问,要注意"公德"和"私德"。

（六）育人篇:以教人者教己,在劳力上劳心

教学合一

陶行知认为,"教学要合一,有三个理由:第一,先生的责任不在教,而在教学,在教学生学。第二,教的法子必须根据于学的法子。第三,先生不但要拿他所教的法子和学生学的法子联络,并须和他自己的学问联络起来。好的先生一方面指导学生,一方面研究学问。"总之,第一,先生的责任在教学生学;第二,先生教的法子必须根据学的法子;第三,先生须一面教一面学。这是教学合一的三种理由。第一种和第二种理由是说先生的教应该和学生的学联络;第三种理由是说先生的教应该和先生的学联络。有了这样的联络,然后先生和学生都能自得自动,都有机会方法找那无价的新理了。

（七）民主篇:文化为公,教育为公

普及什么教育

陶行知指出,"要普及的是:自动工学团。自动是大众自己干,小孩自己干。自动教育是教大众自己干,教小孩自己干,不是替代大众、小孩干。"什么叫作工学团? 工是工作,学是科学,团是团体。说得清楚些是,工以养生,学以明生,团以保生。说得更清楚些是,以大众的工作,养活大众的生命;以大众的科学,明了大众的生命;以大众的团体的力量,保护大众的生命。工学团是一个小工场,一个小学校,一个小社会。它是将工场、学校、社会打成一片,产生一个富有生活力的新细胞。工学团可大可小,几个人的家庭、店铺,几十个人的学校、庙宇,几百个人的村庄、监狱,几千人的工厂,几万人的军队都可以造成一个富有意义的工学团。

（八）儿童教育篇:小孩子有不可思议的力量

敲碎儿童的地狱,创造儿童的乐园

要怎样除苦造福,陶行知指出,"第一,我们应该承认儿童的人权。第二,我们应该了解儿童的能力需要。第三,承认了儿童的人权并了解儿童的能力需要,才有可能谈儿童福利,否则难免隔靴搔痒,劳而无功。"具体有十点建议:解除儿童的恐怖;打破重男轻女之风尚;提倡儿童卫生;拯救文化饥荒;培养人才幼苗;提倡儿童娱乐;开展托儿所运动;建立儿童工学团;培养合理之教师父母;抢救战区儿童。我们对于儿童有两种极端的心理,都于儿童有害。一是忽视;二是期望太切。忽视则任其像茅草一样自生自灭,期望太切不免揠苗助长,反而促其夭折。所以合理的教导是解除儿童痛苦增进儿童幸福之正确路线。我们必须沿这路线进行,才能使儿童脱离苦海进入乐园。

四、总体评价

陶行知在《教育的真谛》一书中提出:爱就是教育的真谛。许多学生都是由喜欢教师进而喜欢上这门学科。只有让学生"亲其师",学生才会"信其道"。

关于培养目标。陶行知认为:"千教万教,教人求真;千学万学,学做真人",它的根本目的是为了让我们的教育培养出"真人"。"真"既体现在"求真知说真话,追求真理做真人",又体现在"做有人格的人:做有人格的人就是要求真知,不求假知;要说真话,不说假话;要做真君子,不做假君子;做创造的人。"

关于生活即教育。陶行知指出:"生活教育是生活所原有,生活所自营,生活所必需的教育。教育的根本意义是生活之变化。生活无时不变,即生活无时不含有教育的意义。"那么生活便是教育。

关于教学做合一。陶行知先生否定了阳明先生"知是行之始,行是知之成"的观点,而提出"行是知之始,知是行之成"。陶行知认为,无论是教还是学,都要结合做,三者统一起来,才是真正的教、真正的学。从广义的教育观点看,先生与学生并没有严格的分别。实际上,如果破除成见,六十岁的老翁可以跟六岁的儿童学好些事情。会的教人,不会的跟人学,是我们不知不觉中天天有的现象。因此教学做是合一的。一切生活的教学做都要如此,方为一贯。否则教自教,学自学,连做也不是真做了。所以做是学的中心,也就是教的中心。

五、原文选读

教学做是一件事,不是三件事。我们要在做上教,在做上学。

在做上教的是先生;在做上学的是学生。

从先生对学生的关系说:做便是教;从学生对先生的关系说:做便是学。

先生拿做来教,乃是真教;学生拿做来学,方是实学。

不在做上用功夫,教固不成为教,学也不成为学。

校长是一个学校的灵魂,要想评论一个学校,先要评论他的校长。

从定义上说:生活教育是给生活以教育,用生活来教育,为生活向前向上的需要而教育。

从生活与教育的关系上说:是生活决定教育。

从效力上说:教育要通过生活才能发出力量而成为真正的教育。

生活教育,是供给人生需要的教育,不是作假的教育。人生需要什么,我们就教什么。

关于"生活即教育"，我现在再来补充一套。我们是现代的人，要过现代的生活，就是要受现代的教育。

不要过从前的生活，也不要过未来的生活。若是过从前的生活，就是落伍；若要过未来的生活，就是要与人群隔离。

大众教育是要教大众以生活为课程，以非常时期的有计划有组织的生活做他们的非常时期的有计划有组织的课程。

这非常生活，便是当前的民族解放、大众解放的生活战斗。这是大众教育的中心功课。

教育者要创造的是真善美的活人。

教师的成功是创造出值得自己崇拜的人。先生之最大的快乐，是创造出值得自己崇拜的学生。

处处是创造之地，天天是创造之时，人人是创造之人。

我们要想寻得教育之动向，首先就要认识传统教育与生活教育之对立。一方面是生活教育向传统教育进攻；又一方面是传统教育向生活教育应战。

在这空前的战场上徘徊的、缓冲的、时左时右的是改良教育。教育的动向就在这战场的前线上去找。

教而不做，不能算是教；学而不做，不能算是学。教与学都以做为中心，在做上教的是先生，在做上学的是学生。

创造的教育是以生活为教育，就是生活中才可求到教育。教育是从生活中得来的，虽然书也是求知之一种工具，但生活中随处是工具，都是教育。

"为教而学"必须设身处地，努力使人明白；既要努力使人明白，自己便自然而然的格外明白了。

现在的人叫学校里做先生的为教员，叫他所做的事体为教书，叫他所用的法子为教授法，好像先生是专门教学生些书本知识的人。

他似乎除了教以外，便没有别的本领，除书之外，便没有别的事教。而在这种学校里的学生除了受教之外，也没有别的功课。

先生只管教，学生只管受教，好像是学的事体，都被教的事体打消掉了。论起名字来，居然是学校；讲起实在来，却又像教校。

学生自治，不是自由行动，乃是共同治理；不是打消规则，乃是大家立法守法；不是放任，不是和学校宣布独立，乃是练习自治的道理。

学校有死的有活的，那以学生全人、全校、全天的生活为中心的，才算是活学校。死学校只专在书本上做功夫。介于二者之间的，可算是不死不活的学校。

熏染和督促两种力量比较起来，尤以熏染为更重要。好学是传染的，一人好学，可以染起许多人好学。

就地位论，好学的教师最为重要。想有好学的学生，须有好学的先生。换句话说，要想学生好学，必须先生好学。

教育是什么？教人变！教人变好的是好教育。

教人变坏的是坏教育。活教育教人变活。死教育教人变死。不教人变、教人不变的不是教育。

师范教育是什么？教学生变成先生。先生是什么？自己会变而又会教人变的是先生。师范生不是别的,是一个学变先生的学生。

工师养成所的目的有四种:培养新工师以创立新的工学团;化固有之教员为工师,将学校改为工学团;化固有之工人农人为工师,将一般社会组成工学团;继续不断的培养在职之工师使与社会学术共进于无疆。

育才三方针:(一)迷。根据孩子们不断的迷失在某种特殊活动的天性,透过特殊的环境、设备和方法,我们培养并引导他们成长,踏进未知之门。

(二)悟。根据孩子们一般的智力,透过启发性的普通教育,我们培养和指导他们对特殊活动取得更深的了解,对人生各方面的关系和宇宙人类的历史的发展取得更广的认识。

(三)爱。根据孩子们愿意帮助别人的倾向,透过集体生活我们培养和引导他们对民族人类发生更高的自觉的爱。

【参考文献】

1. 陶行知.教育的真谛[M].武汉:长江文艺出版社,2013.
2. 金林祥,李庚靖.20世纪90年代陶行知教育思想研究综述[J].教育研究,2001(6):78-80.
3. 陈善卿.陶行知的德育理论实质上是生活德育论[J].道德与文明,2002(4):63-65.
4. 周洪宇.核心素养的中国表述:陶行知的"三力论"和"常能论"[J].华东师范大学学报(教育科学版),2017(1):1-10,116.
5. 董宝良,喻本伐,周洪宇.陶行知教育论著选[M].北京:人民教育出版社,2001.

《爱弥儿》

推荐版本

书　名:《爱弥儿》

作者:卢梭

译者:彭正梅

出版社:上海人民出版社

出版时间:2011 年

一、作者简介

让-雅克·卢梭(Jean-Jacques Rousseau,1712—1778 年),法国十八世纪启蒙思想家、哲学家、教育家、文学家,民主政论家和浪漫主义文学流派的开创者,启蒙运动代表人物之一。主要著作有《爱弥儿》《论人类不平等的起源和基础》《社会契约论》《忏悔录》等。

卢梭出身于瑞士日内瓦的一贫苦家庭,当过学徒、仆役、私人秘书、乐谱抄写员。一生颠沛流离,备历艰辛。1749 年曾以《科学与艺术的进步是否有助敦化风俗》一文而闻名。1762 年因发表《社会契约论》《爱弥儿》而遭法国当局的追捕,避居瑞士、普鲁士、英国,1778 年在巴黎逝世。

二、内容简介

《爱弥儿》是一本夹叙夹议的教育小说,书中以富家孤儿爱弥儿为主人公,论述了男子的教育问题,批判了英国旧教育的荒谬腐朽,提出了新教育的原则和理想,并借爱弥儿未来妻子苏菲的教育,论证了女子教育的革新。全书反映了卢梭的自然主义教育思想。该书在西方教育史上首次系统提出了新的儿童教育观,从而在教育史上掀起了一场"哥白尼式的革命"。

《爱弥儿》全书共五卷,卢梭针对不同年龄阶段的儿童,提出了不同的教育原则、教育内容和教育方法,即体育教育、感官教育、智育教育、德育教育、爱情教育。每个年龄阶段的重点不同,但五者之间并不明显割裂。

第一卷,着重论述了对 2 岁以前的婴儿如何进行体育教育,使儿童自然发展。第二卷,着重论述了对 2—12 岁的儿童进行感官教育。第三卷,论述了对 12—15 岁的少年进行智育教育。第四卷,着重论述了对 15—20 岁的青年进行德育教育。第五卷,重点论述了对女孩的教育,并以 10 岁为分界点,分别论述 10 岁前和 10 岁后的女孩应该如何教育,同时还告诉父母如何对孩子进行爱情教育。在这部著作中,卢梭把自己描写成一个理想的教师,又把爱弥儿描写为理想的学生,叙述了爱弥儿从出生到 20 岁成长和受教育的全过程,阐述了他的自然教育思想。

三、内容解读

(一) 第一卷:婴儿期(0—2 岁)

本卷中卢梭以 0—2 岁的婴儿为教育对象,阐述如何对其进行恰当的体育教育。这一卷中的内容涉及自然教育、家庭教育以及教师的角色。

1. 自然教育

卢梭认为,人从出生开始,就需要接受教育。我们生来是软弱的,所以我们需要力量;我们生来是一无所有的,所以需要帮助;我们生来是愚昧的,所以需要判断的能力。我们在出生的时候所没有的东西,我们在长大的时候所需要的东西,全都要由教育赐予我们。

教育可以分为三种:自然教育、人的教育、事物的教育。自然的教育:我们的才能和器官的内在的发展;人的教育:别人教我们如何利用这种发展;事物的教育:我们从影响我们的事物获得良好的经验。自然的教育完全是不能由我们决定的,事物的教育只是在有些方面才能够由我们决定,只有人的教育才是我们能够真正地加以控制的。自然即人的天性、习惯,其他两个教育要配合自然的教育而进行。

从以上内容可以看出,卢梭提倡自然教育,即教育应顺应人的内在自然和才能发展,教育帮助人顺应习性发展下去。而这样的教育观,把人看作受教育的主体,从人的实际需求出发而进行教育,是自然而然的教育。

在卢梭那里,"人性本善"是其理论的基本假设,正是由于儿童的天性是向善的,才使得"教育顺应儿童天性"成为可能。但卢梭对儿童天性的估计过于理想化,人的本性本无所谓善恶，只不过是教育的原料而已，关键在于如何利用它。教育要想成为好的教育，既不是去束缚其本性，也不是一味地顺应其本性，而应当积极地去影响、指引人的本性朝向善的可能性发展。

卢梭指出："在万物的秩序中，人类有他的地位；在人生的秩序中，童年有他的地位；应当把成人看作成人，把孩子看作孩子。""大自然希望儿童在成人以前就要像儿童的样子。"把"儿童看作儿童"要求教育要顺应儿童不同年龄时期的特征。卢梭认为以往的教育"从来没有设身处地地揣摩过儿童的心理，不了解儿童的思想和特征。"因而，人们应当好好地研究儿童，使教育按照儿童内在的自然发展顺序进行。

2. 家庭教育

卢梭认为，新生的婴儿需要伸展和活动他的四肢，以便使它们不再感到麻木，因为它们在母亲体内蜷缩成一团，已经麻木很久了。用襁褓包裹婴儿会阻碍血液和体液的流通，妨害孩子增强体力和成长，损伤他的体质，甚至会使婴儿形成畸形或者死去。

母亲有母乳喂养婴儿的责任。婴儿需要母亲的关心和照顾，母亲对孩子付出多少的爱，孩子就能回馈母亲多少的爱。但母亲对孩子的关心和照顾也应适当，防止过分关心（即防止溺爱）。

要遵循自然，跟着它给你画出的道路前进。它在继续不断地锻炼孩子；它用各种各样的考验来磨砺他们的性情；它教他们从小就知道什么是烦恼和痛苦。出牙的时候，就使他们发烧；肠腹疼痛的时候，就使他们产生痉挛；咳嗽厉害的时候，就使他们喘不过气来。在婴儿时期，他们差不多都是在疾病和危险中度过的，出生的孩子有一半不到八岁就死了。通过了这些考验，孩子便获得了力量，一到他们能够运用自己的生命时，生命的本源就更为坚实了。

父亲要扮演教师，承担起教育孩子的重任。卢梭提倡的家庭教育，是指儿童的第一个保育员是母亲，第一任教师是父亲。父母不应以任何借口推脱抚育子女的责任。

将卢梭提倡的家庭教育方式与现代社会家庭教育的现状进行对比，我们不难发现现代家庭教育中的问题：父母与子女的交往中缺少理解与尊重；我们都知道孩子的天性是好奇与探索，他们需要空间和时间去观察、理解和建立他们自己对于这个世界的认知及态度；我们也明白应该理解孩子、尊重孩子，但在现实生活中，在应试教育体制下，仍然有为数众多的家长做不到这些他们懂得的家庭教育原则。

因此，父母要给予儿童充分的爱与耐心，让儿童在父母的关心和理解下成长。父母应了解儿童的成长和发育规律，循序渐进地教育引导儿童，努力做到既尊重、关心、理解儿童，又不对其过分溺爱。除此以外，父母身为儿童的第一任教师，应先自身形成优秀的榜样意识，成为儿童崇拜向往的旗帜。父母要学会换位思考，把儿童作为一个独立的个体，而不抱有太多功利意识和传承思想，使儿童成为自己理想的实践者。

3. 教师的角色

卢梭认为，生命诞生的时候就是教育开始的时候。孩子刚一出生就是一个学生，只是他的教师不是我们，而是自然。教师的工作只是配合自然，并且要防止自己对孩子的关心与自然相背。教师照顾着孩子,观察着孩子,跟随着孩子,静静地等待着他散发出第一道理性的光辉。

孩子的学习能力是天生的,但是在刚出生的时候他们一无所知,并且丝毫没有判断能力。婴儿的心灵被束缚在不完善也不成熟的器官里,他们甚至感觉不到自身的存在。但是,孩子的教育在他出生时就开始了,在他还不会说话和听懂别人的话时就已经接受教育了。

卢梭认为教师应该是一位善于按照儿童身心发展规律,在自然秩序中培养儿童天赋的导师。因此,一名合格的教师除了具备过硬的专业知识外,还需要了解儿童、青少年身心发展的规律及心理特点,教育必须要合乎科学。此外,卢梭强调教师应该品格高尚,应与军人的职业一样,不是为追求金钱而从事的职业。在教育过程中,教师还需要了解、揣摩受教者的个性特质,设身处地地为他着想。

在教育方法方面卢梭虽然主张自然教育,但是非常重视教师引导的重要作用。让儿童常常认为是他在做主,而实则始终是教师在做主。这与现在所提倡的"学生主体,教师主导"观点是一致的,应该充分发挥学生在课堂上的积极作用,也应该注重教师的正确引导作用。

(二)第二卷:儿童期(2—12岁)

对于"受伤"这一方面,卢梭并不主张大人对于孩子过分地看护,而是一定要让孩子学会忍受痛苦,不要让孩子去惧怕受伤。这也是对孩子勇敢品性的培养。

关于"欲望"这一方面,卢梭强调要让孩子顺应自然,儿童应有儿童的样子,欲望是人教出来的,千万不要让欲望支配了孩子。因为"人愈接近他的自然状态,他的能力和欲望的差别就愈小,因此,他到达幸福的路程就没那么遥远。"

卢梭认为,儿童时期是理智睡眠时期,儿童的智力还处在感性阶段,应该首先锻炼儿童的感官。这个时期的孩子还没有发展出"理性",所以不要对这个时期的孩子进行"理性教育"。这个时期的教育依然需要在乡村进行,因为这个时期的孩子善于模仿,而只有在乡村,孩子才能模仿淳朴善良的品质。

卢梭认为,人有六种感觉,即视觉、听觉、味觉、嗅觉、触觉和共通的感觉。其中触觉最重要。他提出此时期的智育和德育不应操之过急,要适应儿童智力发展的特点,主张消极教育。

儿童2岁以后,随着体力渐渐增长,智慧也会产生,他有了能力做一些想做的事,不用事事靠他人帮助。这时,他成了真正的一个人,他就是他自己,有自己的意识,能感受快乐和痛苦,我们对待孩子的方式也要相应做些改变,不要再把他们当婴儿对待,而是鼓励他自己去做能做的事,给他自由,不要让不确定的未来去束缚他脆弱的生命。

爱护儿童,要促进他们玩耍,使他们快乐,培养他们美好的本能。童年是短暂而宝贵的,而且一去不复返,幸福的童年是一个人最宝贵记忆,同样,不幸的童年也会给心灵造成不可磨灭的影响。一个孩子从婴儿到了童年,他有一种自然的能力去发育想象力。

卢梭认为,真实的世界是有限的,而想象的世界从无止境。12 岁,孩子在儿童期状态时,根本不能让他读书,不能让他读描绘大人世界的复杂形态的书;如果让他学习,只有一个办法,要把孩子完全限定在物的教育。如果孩子过早进入到观念世界,一个人过早地预见自己的未来,筹划自己的未来,他要么恐惧这个未来,要么会产生虚伪。

所有人的"虚伪"都来自他的想象,来自超出自己的自然能力的范围构筑的自我世界的幻景,这种幻景来自与周围人的比较,这就是虚伪。所有的恐惧、虚荣和虚伪都来自于此。

自然知识是校正想象力向着其他方向过度发展的教育,我们要让孩子研究物、研究物理,认识各种形状。孩子不应模仿成人,而是要模仿自然。一个人与物打交道,这就是希腊人讲的"制作"。什么是"制作",人把自己的能力施加于物,物的形状发生改变。制作的本质就是"手艺"。

(三)第三卷:少年期(12—15 岁)

这一时期,孩子体力的增长超过他欲望的需要,是他的相对体力达到最大的时期。这个阶段是工作、教育和学习的时期。

对于爱弥儿所学知识的筛选,一定要有用。人的智慧是有限的,一个人不仅不能知道所有一切的事物,甚至连别人已知的那一点点事物也不可能完全都知道。总之,问题不在于他学到的是什么样的知识,而在于他所学的知识要有用处。

在这为数很少的知识中,凡是那些必须要具有十分成熟的理解力才能懂得的,凡是那些牵涉到一个孩子不可能理解的人的关系的,以及那些尽管本身是真实的,但将促使一个没有经验的人对其他的问题产生错误想法的,都要通通抛开,不能拿来教育孩子。

知识的学习首先从自然中的事物开始。以世界为唯一的书本,以事实为唯一的教训。让学生产生好奇心,并且自己解答问题。使学生去观察自然的种种现象,不久之后就可使他变得非常好奇。不过为了培养他的好奇心,就不能那么急急忙忙地去满足他的好奇心。

提出一些他能理解的问题,让他自己去解答。要做到他所知道的东西不是由于你的告诉而是由于他自己的理解。不要教他这样那样的学问,而要由他自己去发现那些学问,否则他就不再运用他的理智了,他将为别人的见解所左右。

为了顺应自然,爱弥儿应该学习最能使人接近自然状态的职业即手工劳动,而不是去靠政府年金。正如书中所讲,"我要求你的不是才能,而是一种手艺,一种真正的手艺,纯粹的机械的技术,做的时候是动手而不是动脑,这种手艺虽不能使你发财致富,但有了它,你就可以不需要财富。"因此,所选职业不仅要有用,还要注重心灵养成。

卢梭强调了感知和判断的区别,要做出正确的判断,简单的观念只是由感觉的互相比较而产生的。在简单的感觉以及在复合的感觉中,是包含着判断的。容易发生错误的不是感觉,而是对感觉所做的判断。为了纠正或防止错误,就需要有经验。

（四）第四卷：青春期（15—20岁）

1. 爱弥儿16岁了：迈进成人的世界

青年的开始就是爱弥儿所说的"人的第二次生命"，从这时候起真正属于他自己的生活开始了，世界上所有的事物在他看来都不再新鲜。欲念是人生存下去的动力，而自爱是唯一一种天性。对孩子来说，他产生的第一种情感就是爱自己。第二种情感，就是爱他身边的人。人总是处于一定的关系之中，对人的研究就是对这种关系的研究。当他还是个孩子的时候，他只知道自己是个肉体的存在，要研究他和物的关系。随着年龄的增长，当他意识到自己也是一个精神的存在的时候，就要开始研究他和人的关系了。第二种研究始于目前这个阶段，并且将会贯穿他的一生。

2. 爱弥儿18岁了：博爱的年龄

这时，爱弥儿终于进入了青春期的第二个阶段。这时候他的头脑中已经具备了道德观念。这时候要慎重地为他划定一个交际圈，好让那些品行不端的人没有接触他的机会，要让他看清这个世界，遇到任何事都要做最坏的打算，要让他相信人性本善，要不带任何偏见地去评判他的邻居；还要告诉他社会上到处都充斥着引人向恶的诱惑，以及这些诱惑都根于人性的弱点。要让他多接触些不同时空的人，这样他就可以站在旁观者的角度进行观察，在了解别人的同时还能保持自己的纯真，因此这就要让他学习历史了。

如果说虚荣心可以彻底消除的话，那最好的办法就是利用经验的力量。虚荣心的壮大速度是非常快的，要想方设法将之扼杀在摇篮之中，不要跟他讲那些大道理，更不要企图安慰他说世界上没有完美的人，不用对自己的缺点过分在意。

要想让他改正缺点，首先得让他意识到这种缺点存在于他身上。为了让他知道他跟所有人都一样，并不是高人一等的，要让他遭遇些意外。吃一堑长一智可以帮助他把过去的经验牢记在心中。通过自己或者他人的经验，他很容易就能学到那些与道德有关的知识。对于那些必须经历一番冒险才能获得的经验，就让他从历史中寻找。可如果对他造不成多大的伤害的话，还是让他亲自去经历一下比较好。爱弥儿只有在做事情的时候完全抛开个人利益，他才能成为一个热爱真理并勇于探索真理的人；只有多去关心别人，他才能拥有是非善恶的观念，并且变得越来越聪慧和乐观。

3. 爱弥儿20岁了：爱的年龄

这时候爱弥儿的成年到来了。他身边的诱惑越来越多，他要逃离家长的管束了，除了告诉他要时刻警惕身边潜伏的危险，并且保护他不受那些无意识所犯下的错误的伤害之外，家长不能再做更多了，因为他已经有了对自己的行为负责任的能力。现在家长要把那些他渴望知道，却一直不知道的神秘的事情告诉他了。既然他迟早要知道，那就由家长告诉他，这样比他从别人口中得知或者自行得知要好得多。

作为一个社会人，爱弥儿不可能永远过独身生活，而是要承担起对他人的责任。在和一个人一起生活之前，他首先得对这个人有所了解。卢梭所描述的这个女人完全是一个完美情人的形象，她的品质都是他所中意的，她温柔和蔼、亲切宜人，并且丝毫没有诱惑他犯错的那些习性。爱弥儿如果满意的话就会迫不及待地想从现实中找出一个与之相对应的人。

踏入社交界之后,爱弥儿从不哗众取宠,也不矫揉造作。无论身处怎样的环境或者进入怎样的阶层,他都保持着一贯的质朴和真实,他没有一眼就能让人认出他的特质,他也不想拥有这样的特质。爱弥儿的洞察力很强,但他绝不会去说一些花言巧语,他非常乐意遵从他人的礼数,但这并不意味着他在显摆自己很了解那些规矩或者故意装出一副彬彬有礼的样子,他这样做的目的,只是不想引起别人对他的注意而已。

为了让爱弥儿的审美、趣味一直保持健康而纯洁的状态,还要采取进一步的行动。要让他远离那些吵架而放荡的人群,找一个安静的环境和他进行一次有益的谈话。所谈论的话题必须是他感兴趣的,只有这样谈话才会既有趣又有意义。现在到了让爱弥儿读一些有趣的书籍和叫他欣赏口才和措辞之美的时候了。语言的作用,远远没有大家想象的那样强大。可要想真正掌握一门语言,就避免不了对语法的研究。通过带爱弥儿去剧院,以培养他的审美趣味。戏剧中所有人物的审美趣味都逃不过一双有意思的眼睛。研究戏剧就要研究诗歌。研究这些语言不仅是一件很享受的事情,而且也会让他终身受益。

(五)第五卷:青春期的最后一幕

本卷以爱弥儿和苏菲的爱情为线索,他们从相识到热恋、暂别、(游历)结婚、分离,最后又走到一起,主要阐述了女子教育和对青年男女进行爱情的教育。

书中卢梭的女子教育是以家庭为中心而展开的,按年龄对女子施教。从小教育女子做事细心、热爱劳动、勤于持家;同时还要使她们从小受到管束,学会自己克制自己,养成受约束的习惯。教育内容主要包括健康教育、德性教育、知识教育、劳动教育、爱情教育等方面。在男女爱情的教育方面,卢梭教育爱弥儿对待感情、对待自己的爱人要负责任。

四、总体评价

卢梭的《爱弥儿》在教育界发动了一场哥白尼式的大革命,从而使得儿童在整个教育过程中的地位发生了前所未有的改变,让儿童自身潜力的发挥和健康成长成为可能。这些新的教育思想和主张,使卢梭在有史以来最具影响力的18世纪作家和思想家中,成为对后代贡献最大的一位。卢梭的《爱弥儿》是继柏拉图的《理想国》之后,世界教育理论发展进程中又一座重要的里程碑,在人类文明宝库中闪耀着璀璨夺目的光芒。

卢梭上承柏拉图、蒙田、孟德斯鸠、普卢塔克、洛克等先贤,下启康德、裴斯泰洛齐、福禄培尔、杜威等众多思想家,是一位独树一帜的人物。有人对他大加褒奖,有人对他颇有微词。然而,无论世界如何变化,他的经典在世界各国依然不断出版,人们依然不断地探讨和研究他的思想精髓,以期发掘新的宝贵价值。

从《爱弥儿》一书中可以看出,卢梭认为教育的目的在于使人成为自然人,即他所谓的"依照自然的顺序""信任自然""以自然为唯一的圣经""遵从良心者即是遵从自然"。这里所说的自然是绝对自由、平等而善良的环境,只有在这种状态下生活,人的生命才能提升到最高境界。强调人类内在本性发展,并以儿童为本位的教育观点,是卢梭教育学说的重点。

卢梭的自然教育以儿童为出发点,旨在培养儿童的身心及本性,即让儿童过着儿童应有的生活。他认为一个人的儿童时期对他的一生有着重要的价值和意义,所以不能用各种枷锁束缚儿童,阻碍他们自然本性的发展。这是卢梭的根本立场。基于此,卢梭提出了"直观教育"。"直观教育",即直接教育,使儿童接触到的直观事物与他们应该学习到的观念保持一致。

卢梭认为,12岁以前儿童的知识只限于感觉范围,还没有悟性;12岁以后才有理性的发挥。卢梭强调要儿童从客观的事物中去认识世界,感受世界,"直观教育"的目的就是依据具体事实教导儿童,使外部的知识和儿童内在的认识能力完全一致。卢梭认为应该按照儿童身心发展规律予以适当的教育方式,以免超出儿童的接受能力。他指出《鲁滨孙漂流记》是实施儿童教育最理想的教材。他说:"教育儿童并不是要读文学名著,而是要认识自然,感受自然。"即通过阅读自然书籍了解外界知识,而不是以抽象的文字、语言去获得知识。

五、原文选读

这种教育,我们或是受之于自然,或是受之于人,或是受之于事物。我们的才能和器官的内在的发展,是自然的教育;别人教我们如何利用这种发展,是人的教育;我们对影响我们的事物获得良好的经验,是事物的教育。

我们要真正研究的是人的地位。在我们中间,谁最能容忍生活中的幸福和忧患,我认为就是受了最好教育的人。由此可以得出结论:真正的教育不在于口训而在于实行。

只有理性才能教导我们认识善和恶。使我们喜善恨恶的良心,尽管它不依存于理性,但没有理性,良心就不能得到发展。

在万物的秩序中,人类有它的地位;在人生的秩序中,童年有它的地位;应当把成人看作成人,把孩子看作孩子。

我们不可能知道绝对的幸福或绝对的痛苦是什么样子,它在人生中全部都混杂在一起了;我们在其中领略不到纯粹的感觉,不能在同一种情况下感受两种不同的时刻。正如我们的身体在变化一样,我们心灵的情感也在继续不断地变化。

只有自己实现自己意志的人,才不需要借用他人之手来实现自己的意志;由此可见,在所有一切的财富中最为可贵的不是权威而是自由。

真正自由的人,只想他能够得到的东西,只做他喜欢做的事情。这就是我的第一个基本原理。只要把这个原理应用于儿童,就可源源得出各种教育的法则。

即使是不读书本,一个孩子可能有的记忆力也不会因此而闲着没有用处;他所看见的和他所听见的一切,都会对他产生影响;他将把它们记下来,他将把大人的言语和行为都记在心里;他周围的事物就是一本书,使他在不知不觉中继续不断地丰富他的记忆,从而增进他的判断能力。

为了培养具备这种头等重要的能力,真正的好办法是:要对他周围的事物加以选择,要十分慎重地使他继续不断地接触他能够理解的东西,而把他不应该知道的事物都藏起来,我们要尽可能用这个方法使他获得各种各样有用于他青年时期的教育和他一生的行为的知识。

一个孩子不论多么好奇也不可能好奇到自己去练习使用你拿来折磨他的这个工具;但是,只要你能够用这个工具去增进他的快乐,即使你不许可他用,他也是马上要去用它的。

有两种人的身体是在继续不断地锻炼着的,而这两种人,对心灵的培养当然都很少注意,这两种人就是农民和野蛮人。前者是很健壮、卤鲁和笨拙的,而后者的感觉敏锐和心思细致是人人都知道的;一般地说,农民是最迟钝不过的人,而野蛮人则是最狡黠不过的人。

这种差别从何产生的呢?这是由于农民总是别人叫他怎么样做,他就怎么样做;或者他看见他父亲做什么,他就做什么;或者他自己小时候做哪些事,以后也就一直做那些事,每天都是那么一套,从无变化;他一生差不多都是像机械似的,做的总是那些事情,在他身上,习惯和服从代替了理性。

我曾经说过,孩子们最留心的事情之一,就是要发现管束他们人的弱点。这种倾向往往使他们做出一些调皮的事情,然而这种倾向的产生,不是由于他们有顽皮的天性,而是由于他们需要逃避那压制他们的权威。

他们受不了你强加在他们身上的束缚,所以要想方设法地摆脱它;老师的缺点一旦被发现以后,就提供了他们达到这个目的的最好手段。因此他们养成了习惯,以发现别人的缺点为乐。

像这样在大自然的单独指导下继续不断地锻炼,不仅增强了体格,也丝毫没有使思想因此而迟钝,反而在我们身上形成儿童时期易于形成的唯一一种理解能力,而这种理解能力,对任何年龄的人来说都是必须具备的。

我希望摆在他眼前的是原件而不是画在纸上的图形;我希望他照着房子画房子,照着树木画树木,照着人画人,以便养成习惯,仔细地观察物体和它们的外形,而不至于老是拿那些死板板的临摹的绘画当作真实的东西来画。

我甚至不愿意他在眼前没有那个东西的时候凭记忆来画,我要使他经过屡次的观察,把它们的正确的形象印在他的心中,以免拿一些稀奇古怪的样子去代替事物的真正形象,因而失去了比例的观念和鉴赏自然的美的能力。

真正有益于我们幸福的知识,为数是很少的,但是只有这样的知识才值得一个聪明的人去寻求,从而也值得一个孩子去寻求,因为我们的目的就是要把他培养成那样的聪明人。

绝不能向孩子讲一番他听不懂的话。不要描绘形容,不要滔滔论辩,不要咬文嚼字,不要吟诵诗句。现在还谈不上感情和风趣。说话仍旧要像那样简单明了和十分冷静;要采用另外一种语言的话,的确是太早了。

为了使一个孩子养成事事留心的习惯，为了使他把某一个明显的真理印记在心，就必须让他对那个真理花几天的心思，把它弄个明白。

所有的老师对自己的错误都是一概不承认的；而我则要订下这样一条规则，即：当我不能够使他理解我讲的道理时，即使我没有什么错误，我也要说我错了。

首先，你要记住的是，不能由你告诉他应当学习什么东西，要由他自己希望学什么东西和研究什么东西；而你呢，则设法使他了解那些东西，巧妙地使他产生学习的愿望，向他提供满足他的愿望的办法。

我们在世上的时间过得多么快啊！生命的第一个四分之一，在我们还不懂得怎样用它以前，它就过去了；而最后的四分之一，又是在我们已经不能享受生命的时候才到来的。

起初，我们是不知道怎样生活，而不久以后我们又失去了享受生活的能力；在这虚度过去的两端之间，我们剩下来的时间又有四分之三是由于睡眠、工作、悲伤、抑郁和各种各样的痛苦而消耗了的。

人生是很短促的，我们之所以这样说，不是由于它经历的时间少，而是由于在这很少的时间当中，我们几乎没有工夫去领略它。死亡的时刻固然同出生的时刻相距得很远，如果当中的时间不是很好地度过的话，也可以说人生是极其短促的。

某些事情绝对不让孩子们知道，对他们来说也许是最好不过的；但不可能永远隐瞒他们的事情，就应当趁早地告诉他们。要么就不让他们产生一点好奇心，否则就必须满足他们的好奇心，以免他们达到一定的年龄后，受到自己的好奇心的危害。

我认为，当年轻人快要达到懂事的年龄时，我们就只能够让他们看到一些可以克制而不刺激其欲念的情景，就应当拿一些不仅不刺激他们的感官，而且还能遏制他们想象力的活动的事物给他们看，以便把他们日益成长的想象力从那些刺激欲念的事情上加以转移。

你要知道你的体面不在自己身上，而在你的学生的身上，要纠正他们的过失，必须要分担他们的过失，要洗雪他们的耻辱，就必须承受他们的耻辱。

要仿效那勇敢的罗马人，他看见他的军队溃逃，无法收拾的时候，就跑在士兵的前头，带着他们逃跑，并且叫喊道："他们不是在逃跑，而是在跟随他们的统帅。"他是不是因此就不光彩呢？一点也不，他以牺牲荣誉的办法，取得了更大的荣誉。

天职的力量和道德的美打破了我们愚蠢的偏见，使我们不能不对他赞扬，如果我在为爱弥儿尽我的职责的时候挨了一下耳光，我不但不报复，反而要到处宣扬这件事，我不相信世界上真有哪一个人竟坏到因此就不十分地尊重我。

啊，我的好孩子，现在大自然还没有来启发你的官能，愿你长久地停留在这幸福的状态，因为在这种状态下，自然的呼声就是天真无邪的声音。你要记住，在它还没有教你以前，你提前去做，远比抗拒它的教导更违背他的意志；因此，为了能够在屈服于邪恶的时候而不犯罪，就必须首先学会抵抗邪恶。

所以，我不只是一个消极被动的有感觉的生物，而是一个主动的有智慧的生物；不管哲学家们怎样说，我都要以我能够思想而感到荣耀。

　　我只知道真理是存在于事物中而不存在于我对事物进行判断的思想中,我只知道在我对事物所作的判断中,"我"的成分愈少,则我愈是接近真理。

　　当我思索人的天性的时候,我认为我在人的天性中发现了两个截然不同的本质,其中一个本原促使人去研究永恒的真理,去爱正义和美德,进入智者怡然沉思的知识的领域;而另一个本原则使人故步自封,受自己的感官的奴役,受欲念的奴役;而欲念是感官的指使者,正是由于它们才妨碍着他们接受第一个本原对他的种种启示。

　　但是,一旦我们摆脱了肉体和感官使我们产生的幻觉,从而喜悦地看到至高的存在和以他为源泉的永恒的真理,一旦秩序的美触动了我们的整个灵魂,使我们诚恳地把我们已经做过的事和应当做的事情加以比较,这时候,良心的呼声才又发挥它的力量和权威。

　　因此,我们要真心诚意地去寻求真理,我们绝不能让一个人因其出身而得到什么权利,绝不能让做父亲的或做牧师的人具有任何权威,我们要把他们从小教给我们的一切东西付诸良心和理智的检验。

　　他们陡然地向我呐喊:"扔掉你的理性吧!"让骗我的人爱怎样说就怎样说好了,反正要我扔掉我的理性,就必须要他们说出什么理由。

　　就你现在的年龄来说,你正处在最关紧要的时期,因为这时候,你的心灵最容易接受真理,你的心正在形成一定的形态和性格,你可以决定你一生是向善还是向恶。

　　往后,心灵就僵硬了,就打不上新的印痕了。年轻人啊,在你还十分柔和的心灵上要打上真理的烙印。

　　你要知道,在教育成年人的时候,所采取的方法要和教育儿童的方法完全相反。你千万不要犹豫,而应当把你这样小心翼翼地隐瞒了如此之久的危险的神秘事情告诉他。

　　既然他最后一定要知道这些事情,那就不能让他从别人那里知道,也不能让他自行知道,而只能从你这里知道;既然他今后不得不进行斗争,那么,为了使他不至于遭到突然的袭击,就应当使他了解他的敌人。

　　一个男人只要行为端正,他就能够以他自己的意愿为意愿,就能够把别人的评论不放在眼里;可是一个女人,即使行为端正,她的工作也只是完成了一半;别人对她的看法,和她实际的行为一样,都必须是很好的。

　　由此可见,在这方面对她们施行的教育,应当同我们的教育完全相反:世人的议论是葬送男人的美德的坟墓,然而却是荣耀女人的王冠。

　　一个女人可以用化妆品来使她出一出风头,但是获得别人的喜爱还是要依赖她的人品,我们的穿戴打扮并不等于我们的本身,由于穿的和戴的东西太考究,往往反而更加难看。

　　何况,使穿戴装饰品的人之所以能引人注目的是那些最不为人看重的东西咧。人们在这方面对女孩子施行的教育完全是错误的,她们用装饰品来奖励她们,促使她们喜欢华丽的衣装,当她们五光十色的打扮起来的时候,人们对她们说,多么美丽啊,恰恰相反,我们应当教她们懂得她们所用的装饰品只要掩盖她们的缺点就行了;真正的美,是美在它本身能显出奕奕的神采。

爱好时髦是一种不良的风尚,因为她的容貌是不因她爱好时髦而改变的;她的面貌既然永久都是那个样子,所以,一种化妆品只要是曾经一度使她显得好看,就可以永远地使用它。

不幸的是,社会生活一方面发展了人的性格,另一方面也使人分成了等级;由于性格的发展和等级的划分是不一致的,所以等级的划分愈细,不同等级的人便愈容易混淆。

正是由于这个原因,才产生了许多不相配称的婚姻和败坏秩序的事情;很显然,人们愈不平等,自然的情感就愈容易败坏;等级的差距愈大,婚姻的联系便愈松弛;贫富愈悬殊,父亲和丈夫便愈是没有恩情。不论是主人或奴隶,他们都不再爱他们的家了,他们所看重的是他们的等级。

人们说生命是很短促的,我认为是他们自己使生命那样短促。由于他们不善于利用生命,所以他们反过来抱怨说时间过得太快;可是我认为,就他们那种生活来说,时间倒是过得太慢了。

如果你想使一种良好的教育的效果对一个人的一生都发生作用的话,你就要使那个人在青年时期保持他在童年时期养成的良好习惯。

当我们不知道我们应当做什么事情的时候,最聪明的办法就是什么事情也不做。在一切格言中,这是对人最有用处的格言,同时也是人们最最难于奉行的格言。如果你还不知道幸福在什么地方就去追求幸福,那就会愈追愈远,就会走多少道路便遇多少危险。

一个有德行的人是能够克制他的感情的,因为,要这样,他才能服从他的理智和他的良心,并且能履行他的天职,能严守他做人的本分,不因任何缘故而背离他的本分。

哪一个人没有受过他居住的地方的一点恩惠呢?不管他所居住的是怎样一个地方,他都是因为有了它才能获得人类最珍贵的东西:行为中的美德和对美德的爱。

【参考文献】

1. [法]卢梭.爱弥儿[M].李平沤,译.北京:商务印书馆,2017.
2. [法]卢梭.爱弥儿[M].彭正梅,译.上海:上海人民出版社,2011.
3. [法]卢梭.爱弥儿[M].成墨初,李彦芳,译.武汉:武汉大学出版社,2014.
4. 侯怀银,韩晓飞.卢梭《爱弥儿》在中国的传播及其启示——纪念《爱弥儿》问世 225 周年[J].课程·教材·教法,2017(10):122-127.
5. 戴晓光.《爱弥儿》与卢梭的自然教育[J].北京大学教育评论,2013(1):147-156.

《教育漫话》

推荐版本

书名:《教育漫话》

作者:洛克

译者:杨汉麟

出版社:人民教育出版社

出版时间:2005 年

一、作者简介

约翰·洛克(John Locke,1632—1704 年),英国哲学家、教育家,绅士教育的集大成者。著有《教育漫话》《论宽容》《政府论》《人类理解论》等。在认识论上,洛克认为人出生后的心灵如同一块白板,可以接受来自外界的任何印象和影响,主张一切思想和观念都源于感觉经验,感觉是认识世界的主要手段,经验是知识的主要来源。同时,洛克又将个人的心理活动作为经验的另一种来源,认为经验事实上以两种方式存在:内部经验和外部经验。在知识论上,洛克与乔治·贝克莱、大卫·休谟三人被列为英国经验主义的代表人物。洛克的思想对于后来政治哲学的发展产生巨大影响,并且被广泛视为启蒙时代最具影响力的思想家和自由主义者。

二、内容简介

《教育漫话》一书共分为三个部分。第一部分讲健康教育;第二部分讲道德教育,这是全书的重点;第三部分讲知识与技能教育。《教育漫话》的主题就是"绅士教育"。洛克认为教育的目的就是培养绅士。绅士必须具备五个方面的品质:健康的体魄、德行、智慧、礼仪和学问。

第一部分,洛克认为健康的身体是极其重要的,洛克作为一位研究过医学和自然科学的"内行",对儿童的体育、健康、养护等问题都提出了很多具体的意见;第二部分主要讲述了道德教育,这部分是这本书最重要的内容,在人的各种品行中,德行是放在第一位的,儿童在具备健康体魄的基础上必须有健全的精神发展,训练儿童以理性克制欲望,并从小培养儿童形成良好的性格习惯;第三部分讨论了知识与技能教育,洛克认为德行比智育更加重要,学习是为了让儿童打开心智。

三、内容解读

(一) 健康教育

1. 学校体育教育的核心——健康教育

洛克关于健全的含义,仅是从生理的角度去理解,而对健康的含义我们不仅要从生理的层面,更要从人的心理、良好的社会适应能力以及道德等方面来衡量。洛克还指出通过体育获得健康,是一种最简洁、最廉价、效果最显著的手段。此外,洛克还指出了健康的重要性。那么,通过什么体育项目进行锻炼,以促进人的身体健康? 洛克提出了很多,如游泳、划船、骑马、击剑和户外活动,这些锻炼项目后来不断被人们继承和开发,甚至成为学校体育的开设项目。总之,洛克的《教育漫话》蕴含的学校体育指导思想就是为了促进学生的健康成长,体育要面向全体学生开展,要让学生在快乐中进行体育活动,在阳光下体验自然体育的作用。

2. 体育是德、智、体"三育"的坚实基础

《教育漫话》中,第一部分系统阐述了体育处于重中之重的地位,它是德育和智育的前提和保障。洛克提出"体"在三者中是基础,"体"不仅仅指"身体",也包含"心理"。因此体育是身体素质的不断锻炼和心理素质的逐渐培养的综合过程。洛克虽然强调健康是人发展的基础性因素,但德也不能忽视。体育与智育二者密切联系、辩证统一。智力的发展与提高,相应要求体力也必须不断发展;而人体质的增强和素质的提高也能改善学生的智力活动,对学生的学习成绩有很大的促进作用。

3. 绅士体育思想

英国绅士是指举止得体、遵从世俗社会所公认的行为准则的人。在洛克看来,一个绅士的标准是:第一,要健身,要加强身体教育,时刻呵护自己的身体,有目的、有计划地科学健身;第二,要有德行和才干;第三,具有优雅的举止风度。洛克特别指出,击剑与骑马是绅士必须具备的体育项目,这是对于健康最有益的体育运动项目;舞蹈也是很重要的,是一种有益身心健康的运动,通过舞蹈锻炼能使人性格变得更加开

朗,还可以培养人的自信和气质;游泳可使人保持良好的形体,有病的身体更要以运动来治病,恢复健康。这些都体现了洛克的绅士体育思想。

4. **身体健康教育——人的生存之本**

洛克对身体健康内涵是这样理解的:不仅无病的身体要加强锻炼,加强对身体健康的维护,有病的身体更需要依靠体育锻炼来缓解病痛。他的表述摆脱了狭隘的健康观。洛克认为人类生存与发展的基础条件是人需要一个健康的身体,这是人幸福的首要要素。洛克的身体健康教育包括生活诸多细节,譬如,对儿童的衣、食、住、行以及生活常规等都有一些细节要求。同时,他还阐述了生活制度对于儿童生活的质量具有的重要作用,儿童的身体怎么才能强健是他一直关注的问题,他主要从六个方面进行论述——温暖、游泳、空气、衣服、饮食、睡眠,这些内容构成了他的身体健康教育思想理论体系。

(二)道德教育

1. **及早管教**

洛克认为父母应当在子女极小的时候早早开始管教,即及早地对儿童进行道德教育。首先,在孩子幼小的时候,父母应该建立起自己的威信,让儿女产生敬畏之心,养成服从父母意志的习惯;到孩子渐渐成年,父母应当采取亲切的态度,让孩子服从自己的理智约束。其次,洛克认为对孩子不能溺爱,溺爱的结果就是使孩子"刚愎自用""桀骜不驯""太自在"。对孩子虽不应当纵容,但儿童的合理要求和欲望应得到满足,如儿童的自然需要、出于好奇而提出的问题等。这也就提醒了父母需要保护儿童的好奇心。洛克认为,爱与敬畏这两方面都得加以保持,作为父母,在大的原则方面要把好关,使孩子们从内心感到重道德与爱名誉才是真正应该去做的。

2. **榜样教育**

榜样教育是道德教育的基本方法,洛克认为"榜样示范效应的力量胜于教条的规范",所以洛克特别强调"以身作则",让孩子通过对他人的榜样的学习,获得更深刻的印象,这是任何规则或教训所做不到的。但是在洛克的观念中,以仆人为榜样是危险的,这也深刻地反映了洛克教育思想的阶级局限性。

3. **说理教育**

洛克主张以理服人,用符合人的心性、年龄特征、认识能力、思维能力和理解能力的道理进行说服教育,让人对所讲的道理有所感知和触动,培养其道德判断力和识别美丑善恶、明辨是非的能力。洛克是反对当时以鞭挞为主的处罚的,认为棍棒威逼下只会培养孩子的奴隶性,同时也反对以心爱事物为奖励的办法,认为这只会扩大孩子的物质欲。奖励更多的是指精神上的奖励,而不主张物质上的奖励。

(三)知识与技能教育

洛克认为对心智不健全的人来说,学问越多对他们自身及社会的危害就越大。对于道德品质优良的儿童来说,再用一些方法加以指导,就能让他们事半功倍地获取应有的学问和知识。为了培养有真才实学的绅士,洛克认为教学科目的选择应以实用学科为主。基础知识的学习有算数、阅读、外语、作文、地理、天文、法律等,除此之外,还有一些运动项目和动手实践的项目,如舞蹈、音乐、骑马、游泳、击剑、园艺、雕刻、木工等。可以看出,洛克提出的这个课程体系比夸美纽斯更加丰富和务实,全面性和实用性是其最主要的特征,说明文艺复兴以后欧洲教育越来越趋于世俗化,更加注重现世的生活,这种教育能够满足资产阶级海外扩张、处理复杂公私事务等现实生活的需要。

洛克给出的关于知识教育的具体建议主要有:第一,阅读要趁早,当孩子能够说话的时候,就应该学习阅读。注意让他们在玩中学,把学习变成儿童的一种游戏、一项娱乐。第二,要选择合适的书籍让儿童阅读。应该选择一些浅显、有趣而又适合其能力的书。第三,关于外语的学习方法。首先,及早开始学习,当他们可以说母语的时候,就可以开始学习别国语言。这一建议完全符合当代心理学关于"人类语言学习的关键期是2—3岁"的研究结论。其次,学习语言的最好方法是有人能熟练地用这种语言和他交谈、闲聊,而不需要注重他的语法规则,不过一两年的时间他就能说好这门外语。第四,教学要遵循循序渐进的原则,也就是教学的内容要由易到难,由简及繁。第五,洛克提出对儿童的教育要根据儿童的不同特点来进行,这和我国教育鼻祖孔子提出的因材施教原则有异曲同工之妙。

四、总体评价

《教育漫话》集中反映了欧洲文艺复兴时期新兴资产阶级的教育观,阐明了如何才能培养出符合时代需要的有理性、有德行、有才干的绅士或者有开拓精神的事业家。本书于1693年问世后,一直不断再版,成为欧美乃至世界文化、教育的瑰宝之一,是近代英美教育思想史上的一本奠基之作,对近现代英美教育思想的形成,特别是18世纪法国的教育思想有着深远的影响。因此,它是英美教育学界的重要研究对象,也是一些学者推崇的人类教育史上重要的五本书籍之一,至今也仍然是教育工作者和父母的必读之书。

人民教育出版社曾于20世纪80年代出版过该书的中译本。新译本与旧译本相比较,具有以下特点。第一,译文尽量准确、流畅。对原著中少数较为冗长的段落做了重新划分;在部分重要或易产生歧义的名词概念之后附有英文原文。第二,是全译本。过去的中译本对原书有少量删节,新译本则严格按照原版译出,保留了原书的全貌。第三,增加了详细注释。由于原书有许多较为生僻的人名、地名及专有名词,缺少注释给一般读者理解本书带来了不便。译者在做这些注释时参考了许多著作,尽量吸取国外洛克研究的最新成果。这些注释对于一般读者更好地理解有关内容有所帮助;有些注释对于研究者也可提供一些线索。第四,编撰了二级标题。洛克的原著将全书分为217节,一部分"节"有本节的小标题,但全书没有标题。译者根据全书的内容,将全书分为健康教育、道德教育、知识与技能教育三篇,同时为每篇编撰了二级标题。为避免累赘,原有的各节小标题则取消。

五、原文选读

对于人世幸福状态的一种简洁而充分的描绘是:健康的精神寓于健康的身体。

如果做母亲的担心让孩子经受冰霜雨雪的考验会使之受到伤害,为人父者则害怕因此受人指责,那么有一点请确信,千万别让孩子的冬服过暖。

此外还应记住:"自然"已经用头发将孩子的脑袋严严实实地遮住,又用一两年的时间令其经受锻炼,他在白天玩耍奔跑时固然可以不必戴帽子,晚上最好也不戴;没有什么比把脑袋捂得严严实实更容易引起头痛、伤风、发炎、咳嗽及其他诸种疾病的了。

然而真理却是:孩子的健康较之其他种种考虑都重要,甚至重要百倍。

只要我们在这件事以及其他改变我们生活常规的事情上都坚持同样做法,变化都只是慢慢进行,不知不觉地进行;这样,我们就能使自己的身体适应一切外在环境,既不会遭受痛苦,也没有危险。

还有一件事对于每个人尤其是儿童的健康极有好处,这就是要多到户外活动,即使在冬天,也应尽量少烤火。

多数儿童因为晚上想与伙伴同乐,减少了睡眠时间;如果无人监管,他们也许会在早晨去弥补夜晚的损失,但这是绝对不能容许的。

当从睡梦中唤醒儿童时,一定要先是低声呼唤,轻轻抚摸,使之逐渐清醒,对他们只能使用温和的语言和惯常的做法,直到他们神志恢复,穿好衣服,你才能确信,他们是完全醒了。

因为我有理由认为,儿童每每沉浸于游戏之中,而将其他事情置诸脑后,自然呼唤他们的轻微动作每每被忽视。

无论是从理智或经验考量,我都觉得儿童的娇嫩的身体应尽量少加摆布,除非是在某些个案确实需要,绝对必须的情况下,才另当别论。

要格外重视儿童的精神的形成,而且须及早形成,这足以影响他们今后一生的生活。

被溺爱、娇宠惯了的孩子必然学会打人及骂人,必定会哭闹着索要他想要得到的东西,必定会悍然去做他一心想做的事情。

倘若父母以及其他朝夕相处之人,不使儿童对邪恶耳濡目染,习以为常,以及不在儿童刚能接受邪恶时便将邪恶的种子向儿童播洒,那么儿童怎么会有邪恶?

处于社会下层之人因受家产匮乏的限制,其子女受饭菜的诱惑适度,吃吃喝喝的邀请也有限,故他们不至于在饮食方面放纵酒脱,恣意妄为;不过这些下层人士,一旦有了多余的资产,便会给子女树立恶劣的榜样,使其子女知道他们并非不喜欢贪杯,或不喜欢多食,过去之所以进食适度,是因为囊中羞涩之故。

我叫他们教养子女的时候要小心在意,密切注视,须知,他们周围都有敌人,不仅存在种种诱惑,而且还有导致邪恶的教唆者,甚至他们认为安全的地方也是如此。

凡是有心管教子女的人,应该在子女极小的时候早早的开始管教,而且还要看清楚，他们是否完全服从父母的意志。

你应该首先凭借敬畏，取得支配其精神的力量，到了他们年龄稍长，就要用爱与友谊去维系，因为总有一个时候，棍棒与惩罚都会失灵；那时倘若你的爱不能使他们对你言听计从，恭敬有加，倘若对德行及名誉的热爱不能使他们走上令人称道的正途，那么，我要问你，你还有什么办法可以使之走上阳关大道呢？

这种习惯又是未来的能力与幸福的真正基础，故只要可能，应尽早注入他们的心灵，在儿童知书明理的第一个黎明起就要着手；凡是对儿童的教育负有责任的人，都应殚精竭虑，在他们身上形成这种习惯。

无论哪种正当的娱乐，就在他毫无兴趣、驰心旁骛时，却有人用鞭子去抽打，用恶语去责骂，非要他加入不可，他岂不会感到厌恶？

在我看来，身体上的快乐与痛苦如被人们用作支配儿童的奖励与惩罚，其结果必定不佳——尽管人们通常在其子女身上采用此法。

在儿童犯有过失时，斥责和呵斥有时难以避免，但这样做时不但用语应严肃认真，不受情绪支配，而且应当背着别人私下进行；至于儿童应受赞扬时，则应当着众人去得到。

我知道有些做父母的人，将大堆的规则加在儿童身上，可是可怜的孩子连那些规则的十分之一都记不住，更遑论去实行了。可是一旦他们违犯了这众多繁杂的、不恰当的规则，呵斥与鞭挞便会接踵而至。

儿童绝非用规则就可以教好，规则迟早是会被他们忘掉的。倘若你感到他们有什么必做之事，你便应该利用一切机会，甚至在可能的时候创造机会，为他们提供一种不可缺少的练习，使之在他们身上固定。

娇柔造作不是儿童从小就有的毛病，也不是未经教导的天性的产物；这是一种莠草，但不是生长在荒芜的野地上，而是生长在花园的苗地里，是由于园丁疏于管理或是缺乏照顾的能力才导致其滋长蔓延。

率真不加修饰的本性，任其自然的态度，远比人为的丑态及诸如习得的令人倒胃的时髦模样要好得多。

你知道，儿童的有些过错要靠岁月来矫治。你大可不必对于你孩子的过失过于担心。

故当儿童年龄尚幼时，只要他们的精神不缺乏文明，而举止上的文明若有不够周到之处，做父母的尽可以少去操心。

这些人表面上是在改正儿童的过错，实际上多半只是掩盖自己的困窘；他们为了转移注意力，便数落责骂可怜的孩子，有时还显得声色俱厉，为的只是怕人议论，将孩子的不良行为归咎于他们对孩子缺乏照顾或是缺乏纠正孩子不良行为的能力。

谦逊与服从使之更适于接受教诲；所以事先大可不必过于注重自信心的培养。最应花费时间及精力、孜孜不倦去努力的事情，是使他们获得德行的原则、实践及良好的教养。

为了养成一个能干的人才，靠的不是学校里学童们的恶作剧或欺诈，不是他们彼此诉诸暴力的行为,也不是他们合伙策划偷盗一所果园的行动;一个能干的人才的养成,靠的是恪守正直公道、宽宏大量以及节制沉稳的原则,再加以观察与勤奋努力而成。

你不愿意他去效法之事,你自己便绝不可当着他的面去做。假若某件事情,他做了你认为是一种过错,而你自己却不小心照做不误,那么,他便必定会以你的榜样作为掩饰的口实,那时你再想用正当的方法纠正他的错误就非易事。

儿童应学之事,决不可变成儿童的一种负担,也不应当做一种任务去强加给他们。否则哪怕他们原本喜爱那种事情,他们也会立刻感到乏味,厌恶之心油然而生,或者持漠然态度。

无可怀疑的是,儿童学习任何事情的最佳时机是他们兴致高涨、一心向往的时候;此时他们的精神既不消沉,也不会因驰心旁骛而导致别扭与厌烦。

由于儿童应很少通过鞭挞去纠正错误,所以我感到,斥责过多,尤其是盛怒之下的呵斥,其结果几乎也和体罚是同样的败笔。

有一点可以确信的是,鞭挞如果不能产生良好的结果,它便会引发重大的弊端;它如果不能触及儿童的心灵,使其意志变得柔顺,就可能使得肇事儿童越发顽梗;无论他因此遭受了多少痛苦,不但不思改悔,反而使他更加珍爱他所喜欢的顽梗的脾气。

倘若儿童具有我说过的畏惧心理,在多数情形下,只要给点眼色就已足够。确实,也不能指望年幼的孩子与年长者具有同样的举止、同样的严肃、同样的勤勉。

我一提到对待孩子也要说理,人们也许会感到不解;但我却不能不认定这应是对待他们的真正方式。儿童一到使用语言之日,就是明了道理之时;如果我的观察不错,儿童之希望被看作是具有理性的生物,远比人们通常想象的年龄为早。

他们这种自负的态度应当得到珍惜,我们也应尽量利用这种态度,将其作为支配儿童的重要工具。

然而在各种教导儿童以及培养其礼貌风度的方法中,最简单易行且富有成效的方法是:将儿童应作出或避免作出的事情的榜样放到他们跟前。

在他们知识所及的个人实践上,一旦你向他们展示了他们所熟知的人的榜样,同时说明这些榜样为何美丽或丑恶,那种吸引或是阻遏他们去模仿的力量将比任何可为他们提供的说教都要大。

但是我在前面说过,鞭挞是矫治儿童不端行为的方法中最糟的,也是最后的一个;只有处在极端的情形之下,一切比较温和的方法都实验过且被证明无效时,才可采用;如果仔细观察便会发现,其实,鞭挞是很少用得着的。

即使我们认定有些儿童真是漫不经心或是懒懒散散,不能采用我所主张的温和的方法去使他们学习,因为我必须承认,各种性情的儿童在世上随处可见,但不能由此得出结论,所有儿童都得用鞭挞的粗暴纪律去管理。

父亲应该以身作则,教导儿童尊敬教师;教师也应言传身教,使儿童去做教师希望他做的事情。教师的行动绝对不可违背自己的训示,除非他蓄意要让孩子变坏。

凡是你为令郎精神上的利益考虑而做的事,都可以视为你对他的真正慈爱,即使少留给他财产,也没有关系。一个聪敏善良的人,无论在别人的议论中还是在事实上,都很难不被认可为伟大与幸福之人。

在多数情况之下,做事的态度的影响较之所做的事情本身还要大;人们之所以感到满意或厌恶,也正是基于此。

所以,做教师的人,首先自己便必须有良好的教养,娴于礼仪;一个年轻绅士从教师那里获得了这种美德,不啻占得了先机;人们将会发现,他凭着这一点成绩,门路就会更广,朋友就会更多,他在这世上的作为就会更大,这是他从文科教育或教师的渊博的百科全书中所学到的困难字句或真正知识所无法企及的。

人们常在小事上暴露出他们的本来面目及内心状况,一个人总会流露出某些迹象,容易让别人去捉摸,尤其是当他没有存心做作、缺乏提防的时候,教师应使学生习惯于尽量根据这些迹象去对别人加以正确的判断。

教师的重要工作是在他的学生身上培养风度,培养心智;养成良好的习惯,坚守德行与智慧的原则;一点一滴地传授关于人类的观念;使学生喜爱并模仿良好的值得夸奖的行为;当学生依此而行动时,给他力量与鼓励。

我们既然不能指望学生有时间与精力去学习一切事物,所以他最主要的精力便应当耗费在学习最急需的事情上;他所最应该追求的事物就是他在世上最需用、最常用的事物。

你越是及早将他当作成人看待,他便越是能及早变成一个成人;倘若你不时和他认真讨论,你便无形中提升了他的精神境界,使他不再沉溺于年轻人所喜好的一般娱乐,不再将心思耗费在一般浪费精力的小事上了。

因为显而易见,有许多年轻人,由于父母老是与他们保持距离,视之为地位较为卑下的另类,以至他们的言谈举止和别人比较起来,也老像一个小学生的模样。

【参考文献】

1. [英]洛克.教育漫话[M].杨汉麟,译.北京:人民教育出版社,2005.

2. 丁永为.17世纪英国绅士的素养与教育——洛克《教育漫话》导读[J].教育科学研究,2012(6):75-76,80.

3. 戴晓光.漫话中的"教师观"——读洛克《教育漫话》有感[J].语文建设,2016(21):87-88.

《什么是教育》

推荐版本

书名:《什么是教育》

作者:雅斯贝尔斯

译者:邹进

出版社:生活·读书·新知三联书店

出版时间:1991 年

一、作者简介

雅斯贝尔斯(Karl Jaspers,1883—1969 年)生于奥登堡,德国存在主义哲学家、精神病学家、心理学家和教育家,存在主义教育思想的代表人物。1909 年获海德堡大学博士学位,1916 年任海德堡大学心理系教授,1921 年受聘为海德堡大学哲学教授,1948 年受聘为巴塞尔大学哲学教授,此后一直居留瑞士并取得该国国籍。他于 1969 年 2 月 26 日去世,享年 86 岁。著有《时代的精神状况》《生存哲学》《什么是教育》《理性与生存》《生存哲学》《哲学信仰》《哲学导论》《哲学思维的小学校》《世界观的心理学》《非神话问题》《作为哲学家的列奥纳多》等。

雅斯贝尔斯把哲学的任务规定为描述人的存在的意义,认为人的存在有 4 种形式,即"此在"、一般意识或意识本身、精神、生存。他强调只有生存才是人的真正存在的形式,而唯一能达到生存的途径是显示生存,即发现人的各种可能性。他承认个人的生存和自由受到限制,但又认为通过"超越存在"的追求可达到无限和完满,并指出要想达到超越存在,只有借助非理性的内心体验以及信仰。这就使他的存在主义直接通向了宗教信仰主义。

二、内容简介

《什么是教育》是雅斯贝尔斯存在主义教育思想的代表著作之一,影响较为广泛。该著作以存在主义哲学为认识论基础,从"生存、大全、自由、交往、历史、超越"的存在哲学概念出发,指出教育是人的灵魂的教育,教育活动的本质是文化的传承与精神的自由交往。教育的目的是达成人的自我生成。为实现这一目的,雅斯贝尔斯提倡进行文化教育,提出自己偏重传统但又结合现代的课程思想,并表达了对教师的主要看法等,从而赋予了存在主义教育思想以具体的内容。另外,本书还着重讨论了什么是大学、大学教育的性质与内容、师生之间的关系与任务,并尝试提出大学改革的一些具体措施,对当代教育的发展有一定的借鉴意义。

《什么是教育》一书共包括十九章内容,具体来说讨论了十九个主题:人类必需的文化环境;教育的基本类型;直接传达与间接传达;教育——受计划限制的事件;教育的过去、现在与未来;依靠全体的教育;教育的意义和任务;可能性与教育的界限;教育的必要性;作为教育源泉的真正权威;教育与语言;教育与文化;陶冶过程;陶冶的科学性;大众的教育;对陶冶的批判;教育与传承;大学的观念;大学的任务。

三、内容解读

雅斯贝尔斯在《什么是教育》一书中,以"生存、自由、超越"的存在主义哲学为根源和基础,深刻表达了对"什么是教育"的独到见解。比如书中认为"教育是人的灵魂的教育,而非理性知识和认识的堆积",这引发人们对教育问题的思考。

(一)雅斯贝尔斯的哲学观:生存与超越

作为二十世纪重要的存在主义哲学家,雅斯贝尔斯用理性与存在并重的方式构筑自己的存在论思想。他的教育观是其存在主义哲学思想的直接反映。他首先提出并回答了什么是人的问题。他认为人是自由的存在物,是作为精神、作为超出主体和个体的力量的"存在"。

作为自由的可能性的存在,人生是人这个存在对"上帝(人的完满状态)"的内心体验的过程,在这个过程中,人的使命不断地生成和超越,从而达到"与上帝合二为一"的结果。通过不断地"超越",人将个体的精神与外在世界的整体精神相连,最终达到"无所不包者,或大全",即"存在"自身。他特别强调个人的自由,强调人的自由抉择对生命的意义。

(二)雅斯贝尔斯的教育观:灵魂的唤醒,自由的生成

1. 教育本质:"教育即生成"

雅斯贝尔斯认为人是主体的人,人的自由与超越是人存在的根本,人的存在是通过自我反思而呈现的一种敞放的状态,是通过人的生存交往在历史中生成的。由此,雅斯贝尔斯秉持的是"成人说"。他认为:教育是"人与人精神相契合,文化得以传递的活动",是使受教育者"顿悟的艺术",是促进受教育者自觉"生成"的一种方式,"教育即生成"。

而所谓生成,就是每个受教育者都能够主动地、最大限度地发挥自己天赋的潜力,使其"内部灵性与可能性"得到充分的发展。"质言之,教育是人的灵魂的教育,而非理智知识和认识的堆集。"雅斯贝尔斯更为重视的是"人",是主体性的人。他抨击现实教育中忽视人(指学生)、压抑人的现象,呼吁教育改革,并声称"仅凭金钱人们还是无法达到教育革新的目的,人的回归才是教育改革的真正条件。"

2. 教育目的:培养"全人"

存在主义哲学认为,世界是一个无所不包的"大全",人具有开放性和敞亮性,能通过自身的自由意识,沟通自我和大全,并在这一过程中达成自我和大全的统一,获得真正的生存意识。雅斯贝尔斯所讲的"大全"是人对自身发展和世界发展的最完满追求,是在历史形成中的最高总体性。真正的人是一个"大全",是实体、一般意识、精神和生存形式的组合,是所有方面完满发展的"全人"。

他认为,教育的目的不是培养某一方面或只具备某种技能、能力、意识的人,而是培养"整体"的人或"全人",他称之为"有教养的人"。所谓有教养的人,即按一定时代的理想所陶冶的人,在他那里,观念形态、活动、价值、说话方式和能力等构成了一个整体,并成为他的第二天性。

3. 教育过程:"精神性交往"

从交往理论出发,雅斯贝尔斯将教育过程归纳为三点:

第一,教育是师生主体间自由交往的过程。他认为个体人的自由只有在和他人的交往中,在与他人的自由联系中才能实现。作为交往过程的教育,没有权威和中心存在,体现的是师生之间的平等关系。

第二,教育是整体精神成长的过程。现实的教育将学生置于被动的地位,当作容器而机械地灌输,不利于学生整体精神的成长,只是训练他人意志的工具、社会的机器,而培养不出真正的人。教育既是整体精神成长的过程,也是人的知、情、意统一发展的过程。

第三,教育是个体自我教育和自我实现的过程。雅斯贝尔斯所重视的人是作为个体的人,在教育上,他十分强调学生的自我教育。在实践中,他要求他的学生"不要追随我,要追随你自己"。

4. 教育方式:"苏格拉底式教育"

雅斯贝尔斯关于教育方式的观点是建立在其存在主义的交往理论基础上的。雅斯贝尔斯非常推崇苏格拉底的教育思想,认为这种教育适合于"全人"的培养。

他的关于苏格拉底式教育的论述可归纳为四点:

第一,在教育过程中,师生是平等的参与者,不存在权威与中心。

第二,师生双方都要进行自由的思索、善意的对话和论争,无屈从与依附的现象。

第三,教师不靠强制性的灌输,而以反讽的形式,使学生认识到自身的不足,进而唤醒其内部潜在的自动力量,使他们"在探索中寻求自我永无止境的过程"。

第四,对学生而言,由于这种教育是靠自己的努力逐步认识真理、探索道德,他们所受的教育就不是单单地增加知识,更重要的是学生整体精神得到成长。

5. 教育内容:"导向本源之思"

雅斯贝尔斯以存在主义的超越理论为基础,提出了他的教育内容观,他指出:"全部教育的关键在于选择完善的教育内容和尽可能使学生之'思'不误入歧路,而是导向事物的本源。"他认为,人的精神发展有三个层次,即对世界(宇宙)的认识、对生存自我的体验和对上帝的领悟。个体的人要想实现自我而成为完人,就必须实现三个超越:超越现象世界、超越生存自我和超越精神自我。

实现这三个超越必须接受三方面的教育:科学教育、哲学教育、宗教教育。雅斯贝尔斯的整体教育指的是这三方面教育组成的统一体,学校教育内容的选择也要以此为依据。但他同时认为,教育内容中所包含的真理意识以及精神的传统不会简单地存在于个体生命的直接性中,它更多的是要在一定时代的人们身上重新培养成长,这就需要回归陶冶世界。他也进一步指出,将古典时代转变为陶冶世界,正是其厄运的开端,因为它转嫁了时代应承担的严峻性和人道主义的激情。

6. 教育作用:巨大且有限

雅斯贝尔斯十分重视教育的作用。从个人与社会联系的角度来看,他认为,"教育在单个个人的心中成为人类全体未来的希望,而全体人的发展又是以单个个人教育发展为基点的。"从社会角度来看,"教育决定着未来人类的生存,教育的衰落意味着人类的衰落。""教育方面的失误是对未来影响的开端。"

然而,由于教育是一项极其严肃而复杂的活动,它受计划的限制和真理的传达的局限等诸多问题的影响而成为一项不能明确把握结果的人类活动。且从个体的人来看,"对于一个完全无知、没有受过教育的人来说,就无法清楚地向他展示所认识的对象。""一个人必须一步步地接受严格的培养,经过数十年的成长,才能成其为人。"因此,教育的作用又是有限的。

由此,雅斯贝尔斯呼吁国家要高度重视教育的发展。他说,"假如明智的政治家在本质上是个大教育家的话,假如他尽其精神力量并顺应教育天赋行事,肯花费多出目前好几倍的财力,那么,依靠新一代人的复兴才成其为可能,也可能在这个走向毁灭的时代奠定未来的基础。"国家应把钱"用在比国防力量重要千百倍的未来之上——教育方面"。雅斯贝尔斯对教育作用的认识及要求重视教育的主张,具有一定的启发意义。

四、总体评价

《什么是教育》一书中,雅斯贝尔斯从"生存、自由、超越"的存在主义哲学出发,分析了教育本质、教育目的、教育方式、大学教育的观念和任务等教育基本理论问题。这本书是雅斯贝尔斯教育观的集中体现,尤其是对教育哲学问题的思考,可以帮助读者开阔视野、深入理解教育问题。正如雅斯贝尔斯的观点,"所谓教育,不过是人对人的主体间灵肉交流活动(尤其是老一代对年轻一代),包括知识内容的传授、生命内涵的领悟、意志行为的规范，并通过文化传递功能，将文化遗产教给年轻一代，使他们自由地生成，并启迪其自由天性。"雅斯贝尔斯认为教育的过程就是生命主体间交流的过程，引导学生对生命内涵的领悟，让学生自由生成。

五、原文选读

教育的原则，是通过现存世界的全部文化导向人的灵魂觉醒之本源和根基，而不是导向由原初派生出来的东西和平庸的知识（当然，作为教育基础的能力、语言、记忆内容除外）。

真正的教育绝不容许死记硬背，也从不奢望每个人都成为有真知灼见、深谋远虑的思想家。

教育的过程是让受教育者在实践中自我练习、自我学习和成长，而实践的特性是自由游戏和不断尝试。

这样，手工课以劳作的方式发展学生的灵巧性；体育课则以学生身体素质的锻炼，以及身体的健美来表现自我生命。

哲理课发展思想和精神的敏锐和透明，培养说话的清晰和简明、表达的严格与间接、把握事物的形式、特征，以及了解思想论争双方的焦点所在，以及如何运"思"而使问题得以澄清。

通过接触伟大作品而对人类本身精神内涵进行把握（伟大作品包括：荷马史诗、圣经、希腊悲剧家的作品、莎士比亚和歌德的作品），而历史课的教学则是发展学生对古代文化的虔敬爱戴之心，启发他们为了人类更高的目标而奋斗，并形成对现实批判的清醒历史观。

自然科学课的开设，则是掌握自然科学认识的基本方法论（包括形态学、数学观和实验）。

如果我们不考虑社会和历史背景，仅就教育本身而言，我们可以归纳为以下三种教育的基本类型。一是经院式教育，二是师徒式教育，三是苏格拉底式教育，这三种教育类型都需要学生具有对绝对真理和寻求真理的引路人——教师的敬畏之心。

这种敬畏心情在传统的经院式教育中达到了登峰造极的地步，经院式教育传统即使在目前等级制度中也是根深蒂固的；在师徒式教育中学生的敬畏心情表现在师傅个人身上；在苏格拉底式教育中学生的敬畏心情表现在精神的无限性上，在这无限的精神内，每个人要负起超越自身存在的责任。

教育即生成，生成来源于历史的积聚和自身不断重复努力。人的生成似乎是于不知不觉的无意识之中达到的，但这无意识曾是在困境中以清醒意识从事某事的结果。

现行知识与原初知识的可教性存在差别。如果将知识分类，则可分为现行知识与原初知识，原初知识赋予现行知识以本义，但这两种知识方式的可教性与传递性却不相同。

数学、天文学及医学知识的内容与熟悉的技巧都可以以简单的、直接的方式传递给学生。但是，关涉人的存在本源和根本处境的哲学却无法传递。

柏拉图在第七封信中就真理传达问题提出自己的看法："怎样接触学习的对象呢？事实上，语言不可能把握对象，而是要经过长时间与对象进行科学的交往，并在相应的生活团体中，真理才突然出现在灵魂中，犹如一盏被跳起来的火星点燃的油灯，然后再靠自己供给燃料。"

对不能说与不可说的东西，在对话中只能是间接传达出来，但是在毫不保留的对话方式中，这种方式在团体中时常发生，真理会一刹那在人群中突然亮起来，但这只能在生活交往中出现。

凡是个人出于自由意愿而做之事，都不在计划之内。但是，可以给予一定条件，使人的自发性比在其他条件下更容易发挥出来。

值得考虑的是，对不可计划之事我们还是可以做出一些计划，那就是创造一个让它得以自由实现的空间。就对动物而言，我们都不仅仅饲养，而且还要照顾它们。那么对人类而言，则需要教育。

但真正的教育总是要靠那些不断自我教育以不断超越的教育家才得以实现。他们在与人的交往中不停地付出、倾听，严格遵守理想和唤醒他人的信念，以学习的方法和传授丰富内容的方式找到一条不为别人所钳制的路径。

教育决不能按人为控制的计划加以实行。教育计划的范围是很狭窄的，如果超越了这些界限，那接踵而来的或者是训练，或者是杂乱无章的知识堆集，而这些恰好与人受教育的初衷背道而驰。

人，只能自己改变自身，并以自身的改变来唤醒他人。但在这一过程中如有丝毫的强迫之感，那效果就丧失殆尽。

而世界状况的改观则视理性在它的范围以及个人在其影响力范围之内所能达到的程度而定。

就其本源而言，人希望成为真正的人，而非异化的人。单纯的计划是一种逃避，是对所依存之物的逃避。

并不是说放弃任何一个充满意义的可能计划，也不是允许无计划性，而是要求计划事先作出其步骤，使计划能切实可行，既包罗万象又井然有序。

人们处处计划，怎样才能使教育更好实施，或者将教育建立在新的基础之上。这些计划关系到教师身边活泼儿童的未来，而且，人类存在的未来，同样取决于教育在小范围、家庭、学校和儿童的周围环境中所起到的潜移默化的作用。

教育过程首先是一个精神成长过程，然后才成为科学获知过程的一部分。

第一方面涉及到了学校的精神，每一所学校就其本质来说，就是传播知识的场所，这是它唯一的职责，不能随意更改，而是要扶植、爱护和让其成长壮大。

已经过去了的一切就不能让它再重新出现。现实的需要必须来自于当下的匮乏。

正由于教育的精神价值失落，反而今天学校的任务更为明确：创建学校的目的，是将历史上人类的精神内涵转化为当下生机勃勃的精神，并通过这一精神引导所有学生掌握知识和技术。

一个不懂时髦心理学的教师,但他却在思考最高深和普遍性的问题,因此他教育孩子们选择严肃而恰当的人生道路。

所有计划和实行都在人自身所给定的自由度中划定了界限,也就是说,人能够达到的境界,这在本质上是不可计算的。它同时极大地关系到未来,但另一方面又涉及到技术。

只有当当下的生活是为未来服务时,那么这种生活才有意义。

真正的教育应先获得自身的本质。

教育须有信仰,没有信仰就不成其为教育,而只是教学的技术而已。

教育的目的在于让自己清楚当下的教育本质和自己的意志,除此之外,是找不到教育的宗旨的。

如果整个教育本质毫无遮蔽地呈现出来,这就是教育的本然内涵,而教育自然是有其固定形式的。

教育是极其严肃的伟大事业,通过培养不断地将新的一代带入人类优秀文化精神之中,让他们在完整的精神中生活、工作和交往。

在这种教育中,教师个人的成就几乎没有人会注意到,教师不是抱着投机的态度敷衍了事。而是全身心地投入其中,为人的生成——一个稳定而且持续不断的工作而服务。

教育,不能没有虔敬之心,否则最多只是一种劝学的态度,对终极价值和绝对真理的虔敬是一切教育的本质,缺少对"绝对"的热情,人就不能生存,或者人就活得不像一个人,一切就变得没有意义。

绝对的东西可以分为两种:一种是大众共有的,比如一个人所属的阶层,或者国家,或者对无限的追问中所体现出来的宗教意识;另一种是个人性质的,比如真实、独立自主、责任和自由,一个人也可以同时具有这两种性质的绝对事物。

教育的形式化正是始于其本质成为问题之时。

教师以种种人为的方法来保持学生对他的敬畏:保留一些东西不教给学生,或者要求树立个人的权威以及学生的盲从。

在这种情况下,本来是用训练有素的方法来处理广泛的学习资料,现在变成了空洞无聊的尽义务而已;本来学生的学习目的是求取最佳发展,现在却变成了虚荣心,只是为了求得他人的看重和考试成绩;本来是渐渐进入富有内涵的整体,现在变成了仅仅是学习一些可能有用的事物而已。本来是理想的陶冶,现在却只是为了通过考试学一些很快就被遗忘的知识。

当历史留下来的东西在那些成熟而应负起责任的人心中开始粉碎的时刻,便是教育的衰落之时。

一个人必须一步步地接受严格的培养,经过数十年的成长,才能成其为人。

假如这门科学与国家的存亡有着密切的关系,那么这门科学的功能就会发挥到极点,这种状况在现代科技肇始就已形成,直到原子武器的时代仍然如此。

人的回归才是教育改革的真正条件。

人不只是经由生物遗传，更主要是通过历史的传承而成其为人。

人的教育重复出现在每个人身上；在个人赖以生长的世界里，通过父母和学校的有计划教育，自由利用的学习机构，最后将其一生的所见所闻与个人内心活动相结合，至此为止，人的教育才能成为人的第二天性。

教育帮助个人自由地成为他自己，而非强求一律。

我们必须尊重儿童的自由，让他们自己明白学习的动机，并不是出于服从而学习，同时允许他们轻视不行的教师。

在学习的过程中，他们将心甘情愿地尊重能令他们学到知识的教师，并且敬爱那些以德服人而不滥用权威的教师。

针对不良倾向、嘻闹和涣散所指定的工作纪律是必需的，这种纪律能控制滥用自由的任性。教育的日常生活化要求不间断的练习，否则只是空谈与欺骗。

没有一个人知道自己是什么和自己能干什么，他必须去尝试。

选择的严峻性，对此良心会详细地告诉自身，同样也不应由外界的判断来承担责任，只有选择的严峻性能决定人们走向尝试之途。

我从工作和内在的行动中能得到什么，我事先并不知道，谁处在这一境地时，应研究观察自己，因为人们应该应付各种处境，从中都会有所收获的。

谁一旦遭遇某一境遇时，首先应振作起来，不向外界求援。

总之，人类并不是一个已经不再发展的固定的族类，不像动物一样是不可改变的，人类有着无限发展的可能性。

教育只能根据人的天分和可能性来促使人的发展，教育不能改变人生而具有的本质。但是，没有一个人能认识到自己天分中沉睡的可能性，因此需要教育来唤醒人所未能意识到的一切。

每一种教育的作用也并非是事先能预料的，教育总是具有无人事先能想到的作用。

马克思·韦伯曾经成为过权威。但权威从不需要在大庭广众中宣布，它是自然而然形成的。每一个人在伟大人物面前，也应成为他自己，权威是真实的，但却不是绝对的。

技术的闯入震撼了人存在的根基，引起了西方世界最深层的破裂，在那里人人都体验了破裂的痛苦。但是，因为技术是西方在其精神展开中所创造出来的，其破裂依然是处在它所从属世界的连续性中。

然而，对于所有其他的文化而言，从外面而来的破裂就是一种灾难，再也不能在陈旧的构造中延续下去。

伟大的民族如印度和东亚都和我们一样，面临这个基本问题。这些民族在技术文明的世界里必须转变社会条件，否则就会走向没落。

大学也是一种学校，但是一种特殊的学校。

学生在大学里不仅要学习知识，而且要从教师的教诲中学习研究事物的态度，培养影响其一生的科学思维方式。

对学生要具有自我负责的观念,并带着批判精神从事学习,因而拥有学习的自由;而大学教师则是以传播科学真理为己任,因此他们有教学的自由。

年轻一代正因为年轻气盛,所以从其天性来说,他们对真理的敏感程度往往比成熟以后更为灵敏。

哲学教授的任务就是,向年轻一代指出哪些是对思想史作出重大贡献的哲学家,不能让学生们把这些哲学家与普通的哲学家混为一谈。

哲学教授应激励学生对所有可知事物、科学的意义以及生活的真实性持开放的态度,并通过自己对此所做的彻底深入的思考和演讲,激发学生去把握和深思。

哲学教授应生活在大学的理想之中,并且意识到自己有责任去创新、去建设和实现这一理想,他不必讳言知识的极限,但是他要教授适当的内容。

大学教师首先应是研究者。他们所面对的不再是小学生,而是成熟、独立和精神已有追求的年轻人。

大学教师要以身作则,指导学生,让他们学习刻苦钻研的精神。如果想把大学教师当作教书匠来用,那就错了。

我们一致认为,大学有四项任务:第一是研究、教学和专业知识课程;第二是教育与培养;第三是生命的精神交往;第四是学术。

就科学的意义而言,大学的四项任务是一个整体。它构成了大学的理想:大学是研究和传授科学的殿堂,是教育新人成长的世界,是个体之间富有生命的交往,是学术勃发的世界。

每一任务借助参与其他任务,而变得更有意义和更加清晰。按大学的理想,这思想任务缺一不可,否则大学的质量就会降低。

1976年康德给他的听众说过这样一句话:学生应该学的是思考活动,而不是思考的结果,"离开了辅导课的学生习惯于自己学习。他们目前应该学的是——去进行哲学式的思考。"

人们如果光谈大原则,就会变成空谈;如果将目光紧紧投注在实际事务上,就会迷失方向,哪怕是最微小的行动也应和终极目标联系起来。只有不让遥远的地平线从视界中消失,我们的脚才能迈出有意义的一步。

【参考文献】

1. 雅斯贝尔斯. 什么是教育[M]. 邹进,译. 北京:生活·读书·新知三联书店,1991.
2. 任增元,安泽会. 雅斯贝尔斯《什么是教育》的学术影响研究——以 CSSCI(1998—2011)的文献计量为基础[J]. 现代大学教育,2013(6):46-53,112.
3. 王文中,林静. 教育的本真:超越精神的自由生成——解读《什么是教育》[J]. 教育评论,2016(12):170.

《学会生存:教育世界的今天和明天》

推荐版本

书名:《学会生存:教育世界的今天和明天》

作者:联合国教育、科学及文化组织国际教育发展委员会

出版社:教育科学出版社

出版时间:1996 年

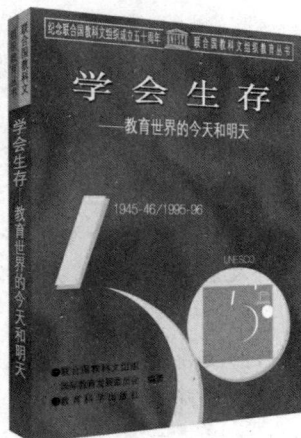

一、作者简介

联合国教育、科学及文化组织(简称"联合国教科文组织",United Nations Educational,Scientific and Cultural Organization,UNESCO)于 1945 年 11 月 16 日正式成立,总部设在法国首都巴黎,现有 195 个成员,是联合国在国际教育、科学和文化领域成员最多的专门机构。该组织旨在通过教育、科学和文化促进各国合作,对世界和平和安全做出贡献,其主要机构包括大会、执行局和秘书处。

1945 年 11 月 1 日—16 日,二战刚刚结束,根据盟国教育部长会议的提议,在伦敦举行了旨在成立一个教育及文化组织的联合国会议(ECO/CONF)。约四十个国家的代表出席了这次会议。在饱经战争苦难的两个国家——法国和英国的推动下,会议代表决定成立一个以建立真正和平文化为宗旨的组织。按照他们的设想,这个新的组织应建立"人类智力上和道义上的团结",从而防止爆发新的世界大战。会议结束时,三十七个国家签署了《组织法》,联合国教育、科学及文化组织从此诞生。

联合国教科文组织是各国政府间讨论关于教育、科学和文化问题的国际组织,设置了五大职能。第一,前瞻性研究。明天的世界需要什么样的教育、科学、文化和传播。第二,知识的发展、传播与交流。主要依靠研究、培训和教学。第三,制订准则。起草和通过国际文件和法律建议。第四,知识和技术。以"技术合作"的形式提供给会员国制订发展政策和发展计划。第五,专门化信息的交流。

二、内容简介

《学会生存:教育世界的今天和明天》(*Learning to Be : the World of Education Today and Tomorrow*)是联合国教科文组织委托国际教育发展委员提交的一份供联合国教科文组织及各会员国制定教育政策时参考的报告。自 1971 年 3 月,该委员会通过对 23 个国家的实地考察和 70 多篇相关论文的研究,并充分引用了联合国教科文组织在 25 年的思考与活动过程中所积累的经验,于 1972 年 5 月完成了该报告,引起了世界各国教育界的广泛关注,被誉为当代教育思想发展中的一个里程碑。本书由华东师范大学比较教育研究所翻译,上海译文出版社于 1979 年 10 月出版,这是本书在中国的第一次引进。1996 年 6 月,在联合国教科文组织成立 50 周年之际,教育科学出版社进行了再版印刷,这是本书在中国的第二次引进。本书对中国教育改革产生了比较广泛的影响。

本书分为三个部分,共九章内容。具体包括:第一部分:研究的结果(教育问题、进步与局限、教育与社会);第二部分:未来(挑战、发现、目的);第三部分:向学习化社会前进(教育策略的作用与功能、当代策略的要素、团结之路)。本书提出了 21 世纪教育的四大支柱:学会做人、学会做事、学会学习和学会与他人共同生活的终身教育思想。

三、内容解读

(一) 序言:从六个方面论述教育相关问题

1. 教育与人类的命运

书中讲到:"很多国家认为,现代人的教育是一个特别困难的问题,而所有的国家都认为,它又是最重要的问题之一。有些人想使今天的世界变得更美好些,因而就要为未来做好准备,而教育是一个基本的、普遍的课题。"时代巨变背景下,人类的命运堪忧,一系列不公平问题也不断产生。

2. 科学的与技术的革命:教育与民主

书中指出,"透过时间从总体上去看教育活动的演变,可以发现,教育是随着经济的进展而进展的,从而也是随着生产技术的演进而演进的,然而要在复杂而互相制约的各种因素中找出各自的原因却并非易事。"国际教育发展委员会认为基本的问题是:首先,要使科学和技术成为任何教育事业中基本的、贯彻始终的因素;其次,要使科学和技术成为为儿童、青年和成人设计的一切教育活动的组成部分,以帮助个人不仅控制自然力和生产力,而且也控制社会力,从而控制他自己、他的抉择和他的行动;

最后,要使科学和技术有助于人类建立一种科学的世界观,以促进科学发展而不致为科学所奴役。

3. 质的变化:动机与就业

国际教育发展委员会曾经建议:任何新马尔萨斯论的倾向和任何放慢教育发展的企图,从文化的、政治的和经济的观点来看,都应排除在教育政策和教育策略之外。教育的目的在于使人成为他自己,"变成他自己"。而这个教育的目的,就它同就业和经济发展的关系而言,不应培养青年人和成人从事一定特定的、终身不变的职业,而应培养他们有能力在各种专业中尽可能多地流动并永远刺激他们自我学习和培训自己的欲望。简而言之,要彻底重新评价教育的目标、方法和结构,但又不妨碍教育的扩展。

4. 学校与学习化的社会

国际教育发展委员会所采取的立场乃是一种辩证的探讨方式,它一方面要对现行的教育体系加以改进;另一方面,在这些现有的体系之外,还要提出可供选择的其他途径。国际教育发展委员会强调两个基本观念:终身教育和学习化的社会。

5. 变革的工具

书中指出:"变革的时代已经促使我们对教育提出了数量上的和质量上的要求,而且为我们提供了满足这种要求所需要的工具。"在教育中运用新技术需要教师们把这些新技术结合到教育体系中去。

6. 国际合作

书中指出:"一方面,我们必须保持所有国家之间智力上和行动上的合作;另一方面,帮助发展中国家在行动上、技术上和财政上保持团结一致。"这个时代,即所谓有限世界的时代,只能是一个属于全体人的时代,即人人在内的全人类的时代。

(二) 研究的结果

1. 教育问题

(1) 过去的遗产

关于学校的诞生。书中指出:"学校是在一切类型的社会中,在不同的时期,但在类似的阶段上逐渐发展起来的。这个事实证明了学校作为一种制度,从历史上来讲是必要的。在教育中采用学校结构看来基本上是和书面文字运用的系统化和逐渐增加相联系的。要学会怎样去阅读,自然就需要有一个老师,许多青年人围在他的周围,在一个'课堂'里,在一个学校里学习。"因此,学校的诞生有其重要意义。

关于现代的来临。文中指出:"当经济发展不断需要具有读、写、算能力的人才时,教育便开始推广和普及,而教育的推广和普及又必然要采取许多新的形式。"随着现代化对人才的需要,教育规模不断扩大,各种类型的教育机构应运而生。

(2) 当代的特征

从理论和实践两方面来看,有三种普遍流行的现象:第一,教育先行,教育在全世界的发展正倾向于先于经济的发展,这在人类历史上大概还是第一次;第二,教育预见,教育在历史上第一次为一个尚未存在的社会培养着新人;第三,社会拒绝使用学校的毕业生,有些社会正在开始拒绝制度化教育所产生的成果。因此,教育必须更好地适应社会经济的变化,必须更好地符合学习者的意愿和能力。同时,教育还必须提供更多的平等机会。

关于教育中存在的共同倾向包括三方面。一是,关于教育模式的选择。即限制性的选拔学生;自由开放的入学方式。二是,趋向于技术治国的体系。这种体系基本上是为了训练工人和有资格的专业人员并促使科学和技术向前进展而设计的。三是,把教育扩大到学校范围以外。中小学和大学正在被大量的校外活动或校外辅助活动所补充,有时甚至被它们所替代,并且要求在这些活动中运用长久被传统教育所忽视或只是最近才被采用的那些方法。

2. 进步与权限

这一部分主要从四组关系入手来讨论。

(1)需要与要求。需要和要求之间的相互关系不总是自然地和谐一致的;在这两方面都可能发生不均衡的状态;在大多数国家中,在许多部门,这两个因素是不相符合的;教育需要和教育要求,无论其各自的增长率如何不平衡,无论其结果如何不一致,这两方面都在日益猛增。

(2)扩充与限制。随着教育的不断扩充,扩充规模的增加和扩充速度的加快,都在影响学校教育的普及化进度。这就需要大量的教师参与学校教育活动。与此同时,一些校外教育形式也不断涌现,比如教育广播、电视广播、成年识字计划、人民大学、函授课程、各种文化活动、学术研究等。

(3)资源与手段。教育的扩展要求并将不断地要求大量增加开支。一般来讲,为了满足教育的要求,有必要做出财政上的牺牲,这是大家都广泛赞同的。这种财政上的代价因为学生人数的增加而变得越来越沉重。

(4)不平衡与不平等。工业化国家与发展中国家之间的差距日益扩大,已经形成了一道不可跨越的鸿沟。这主要表现在地区上的不平等、教师的分布情况差距较大、女孩和妇女教育的不同、信息媒体资源分布不平等。

3. 教育与社会

根据唯物辩证论的观点,教育一方面服从于环境条件,另一方面也必然会影响这些环境条件。

人们对于教育与社会的关系有十分不同的意见,广泛来说,这些意见可以分为四个学派。第一,唯心主义。唯心主义认为教育是为它本身而独立存在。第二,唯意志论。教育不受社会结构可能发生的任何变化的影响,能够而且必须改变世界。第三,机械决定论。教育的形式和前途直接与周围环境相关。第四,从以上三个学派派生出来的学说。教育必然重演,甚至加深和延续社会上留下来的坏事。这一学派主张不彻底改变社会,就不可能解救教育。

书中指出"我们必须重新改造教育结构,大大地扩大选拔人才的范围并使人们能够沿着终身教育的模式前进。教材内容必须个人化;小学生和大中学生必须意识到他们的地位、权利和愿望;权威式的教学形式必须让位于以独立性、互相负责和交换意见为标志的师生关系;教师的训练必须使人了解和尊重个性的各个方面,指导必须代替选拔;那些使用教育机构的人们必须参加管理和制定政策;教育活动中的官僚主义习气必须消灭,而教育的管理必须实行分权制。"以上种种观点,都体现了教育的公平与民主,强调了对人的关注。

(三) 未来

教育体系受着内部和外部两方面的压力。内部压力来自体系内部的失灵与矛盾,外部压力在我们这个时代特别坚强有力。

1. 挑战

作者认为,"合理的教育学说必须以下列准则为依据:目前的社会与未来的社会能够或将能证明科学与技术本身并不是目的,它们的真正目标是为人类服务。"教育不可否认地受到日益增长的社会、经济差距和不平衡状态的有害影响,但只要做出巨大的努力,教育是可以帮助克服这种差距和不平衡状态的。"教育必须认识到,它本身是为什么的。教育也许是历史和社会的产物,但它并不是历史和社会的消极产物。教育是形成未来的一个主要因素,在目前尤其如此,因为归根到底,教育必须培养人类去适应变化,这是我们时代的显著特征。"教育的目的是培养适应时代发展的人,人是目的,而技术只是手段。

2. 发现

(1) 许多教育实践失灵,使教育革新成为必须进行之事。社会经济的变化与科学技术的革新,使教育革新成为迫切需要着手进行之事。教育科学的研究、教育技术的进步以及世界人民的不断觉醒,使教育革新成为可能之事。

(2) 来自科学与技术的新发展。教育学过去一度是一种艺术——教学艺术,现在已经成了一门科学,这门科学是建立在牢固的基础上的,而且是和心理学、人类学、控制论、语言学以及许多其他科学联系在一起的。"从教育作为起点训练这个观念过渡到继续教育这样一个观念,这个过渡就是现代教育学的特征。"科学与技术的进步对教育产生了三个重要的后果:改变教育行动,学习过程正趋向于代替教学过程;把技术吸收到教育体系中去,如果不检修整个教育大厦,就不可能从教育技术中得到好处;教育已经对这种中间技术的发展给予了应有的注意。

(3) 来自实际应用的新发明。许多个别化的教学形式强调对个人的判断和推行自我教育。新的学习方法大大增加了独立的学习程序和教育设备。学校的时间不再被分成许多划一的课时。

(4) 培养完人。把一个人在体力、智力、情绪、伦理各方面的因素综合起来,使他成为一个完善的人,这就是对教育基本目的的一个广义的界说。人永远不会变成一个成人,他的生存是一个无止境的完善过程和学习过程。人和其他生物的不同点主要就是由于他的未完成性。

3. 目的

作者指出,"每一项教育行动都是指向某个目的的一个过程的一部分。这些目的是受普遍的和最终的目的所制约的,而这些普遍的和最终的目的基本上又是社会确定下来的。"社会因素不是影响教育目标的唯一因素。个人—学习者(现有的和潜在的学习者)、教师、家长有意无意地影响着人们去决定或改变教育的最终目的。

(1)走向科学的人道主义

其一,掌握科学思想和科学语言。像掌握其他的思想与表达思想的手段一样,对一般人来讲已成为必不可少的了。但不能把这一点理解为积累一堆知识,而应理解为掌握基本的科学方法。

其二,客观性的法则。科学实质上是培养个性的各方面和满足个性的各种要求的决定因素。从教育的意义来讲,人们还没有完全懂得这一点。科学不是强加在个人身上的"片段知识"和理智工具的总和,如果不赋予个人这种片段知识和理智工具,他会继续坚持他的传统的态度和行为。从这个观点看来,客观性胜过主观性的决定价值,它避开了它自己没有地位的领域,而在它自己的特殊范围内自然繁荣起来。

其三,相对性与辩证思想。辩证的思想就是通常用来去认识现实的工具,因为这种思想把时间、运动和思想、行为结合起来了。相对性与辩证思想看来是培育容忍种子的肥沃土壤,但这并不是说,要纵容别人残忍作恶;而是说,要承认各人之间是有差别的。因此,个人应该系统地避免把自己的信仰与信念、意识形态与世界观、行为与习惯,当作是对于一切时代、一切文明、一切生活方式都能行之有效的模式或规律。

其四,科学精神的训练。科学持续不断地演进,这就使得传统的传授科学的方法越来越不受欢迎了。不能通过填鸭式地把更多的科学事实塞到人的脑子里,不能用把那些过时的学科从课程计划中删掉的办法去吸收迅速猛增的知识。科学不应变成一种纯粹学术性的练习。相反,科学教学应该立足于用实用主义的观点寻求解决从环境中产生的问题,不管这些问题是直接从现实中来的,或是从模式中推演出来的。

(2)培养创造性

其一,安全与冒险。人类的天性一方面渴望安全,而另一方面喜欢冒险。因为渴望安全,人类便要寻求掩蔽之所。因为喜欢冒险,他便爱好处于危险之地。而人们一般认为,人类从事创造性的工作所付出的代价无比高昂,因为在从事这种创造性的工作时,人类要拿出他的全部能力,而寻求安全的代价就比较节俭。但是发挥人的创造性并不是放任人性的自由表现。

其二,寻求新的价值。创造性的、叛逆的、探索性的精神,在许多国家的青年人当中特别明显。因此,要为年轻人创设适宜的环境来使这些精神得到发挥。

其三,思想与行动。教育既有培养创造精神的力量,也有压抑创造精神的力量。教育在这个范围内有它复杂的任务。

(四)向学习化社会前进

1. 教育策略的作用与功能

(1)政策。要保证教育目标服从于全面目标;要从全面的政治政策所准许的目的推演出实际的教育目标;要使教育目标和国家其他部门所采取的目标协调一致。

(2)策略。把各种要素组织成为一个融会贯通的整体;估计到在事物开展的过程中会出现偶然事件;具有面对这种偶然事件而加以控制的意志。概言之,即要考虑到组合因素、概率因素、意志因素。

（3）计划。计划的目的就是要在各个必须应用策略指导的阶段上比较容易地做出决定。首先是做出必要的估计，从数量上表明技术选择的条件，其次，当需要采取行动的时候，要注意把所有必要的因素都结合起来考虑。

2. 当代策略的要素

（1）双重措施。对现有教育体系进行内部改革和继续改进；寻求革新的形式，各种可供选择的途径和新的资源。

（2）民族特征。表现在教育体系方面是世界上有多少个国家，就会有多少种不同的对教育问题所下的定义。

（3）国际的启发。不论在什么社会中，任何更新教育的企图都必须从一些共同的观念、计议、方向中得到启发。简单来说，是我们可以从其他国家丰富教育经验中的那些有用的事例里面获得助益。

（4）改进与改革。首先，改革的产生可能是由于要补救一个教育体系在发挥功能时所发生的弊病和缺点。其次，教育体系内部失调并不是进行改革的唯一理由，外在因素也会有影响，科学发明和科研成果不断提出新的途径。最后，来自教育体系内部的刺激也会更新和改进这些教育体系并使它现代化。

（5）方式与方法。执行教育策略，主要依靠下列几点：确定、推进和实验革新的措施；对教育体系实行行政管理和经营管理；寻求资助教育的方法。

3. 团结之路

教育的发展主要依靠各个国家团体提供给教育的资源，一切国家都有这个义务。在一个世界共同体内由交流与合作所得到的好处，对于所有国家来说都是同样有利的。所以在各个发展水平上的一切国家都应该共同努力走向国际团结的道路，与此同时，对发展中国家应给予特别考虑。

结合各方面的努力。在教育上，一方面要靠发展中国家自己的努力，另一方面它们也要依靠全世界能够提供给它们的潜力。

援助的来源与方式。技术援助与财政援助，就数量而言，全世界国际技术援助费用中份额最大的一项援助就是用于教育与专业训练的援助。教育投资的收效是迟缓的，由于这一特殊原因，要求在最近的将来必须增加援助，当然，这并不一定是说，在以后的岁月里还必须不断地成倍增加。应该鼓励双边援助，因为它是在进行一项有益的事业，也因为有关国家可能拒绝用别的方式给予援助。最后是协调各种不同形式的教育援助。

四、总体评价

《学会生存》一书高屋建瓴地回顾了教育发展的历史，联系世界范围内经济、政治、文化以及人的特点，分析了世界教育面临的问题和挑战，并展望了教育的未来。它似一缕曙光，契合了中国社会、教育的需求，在此原因和背景下，《学会生存》被迅速引进到中国。书中思想对当代中国教育改革的启示包括：

第一,促进了教育学科的发展。一方面,关注"制度教育学",使教育学研究更加深化;另一方面,关注国际教育新理念,丰富了教育学内容。

第二,深化了教育基本理论研究。《学会生存》中的"科学的人道主义"培养创造性、培养完善的人、培养个性化的人等理念,被许多学者在研究"教育目的"时所参考和借鉴。这在很大程度上完善和丰富了我国的教育目的理论。

第三,推动了教育改革的进程。一方面,确立了"教育先行"的战略地位。另一方面,指出教育改革的趋势要注重教育的个性化、创造性以及终身化。以此,教育改革的目标要促进教育者和受教育者的自我发展,这就要求教育者应提升和转变自身素质,受教育者应"学会学习"。

第四,教育者应提高和转变自身素质。21世纪国际教育委员会将教学质量和教师素质摆在至关重要的位置。教育的未来发展趋势和内在规律都要求教育者越来越少地传递知识,而越来越多地激励思考,除了他的正式职能以外,他将越来越成为一位顾问、一位交换意见的参加者、一位帮助发现矛盾论点而不是拿出现成真理的人。这就对教师素质提出了更高的要求。教师不仅要具有广博的专业知识,还要将教育实践摆在重要的中心位置。

第五,受教育者应"学会学习"。在当代社会,"学会学习"已是"生存之本",不仅高科技信息时代的知识爆炸要求人们"学会学习",而且为了尽可能挖掘人的潜力以培养完人的终身教育也要求人们"学会学习"。

尽管本书写于20世纪70年代,是基于当时的教育背景所著,但书中的一些观点,放在当今的背景之下,依旧没有过时,对现如今的教育改革仍有指导意义。可以说,这本书既有时代意义,又有长远价值。

五、原文选读

18世纪的产业革命是用机器去替代和加强人类的肌体功能。可与这种产业革命和最初的机器时代相比的是,科学与技术革命同时还进而征服了人类的精神世界,即在任何距离之间都可以直接传递信息,而且发明了日益完善的、理性化的计算机。

科学技术的时代意味着:知识正在不断地变革,革新正在不断地日新月异。所以大家一致同意:教育应该较少地致力于传递和储存知识(尽管我们要留心,不要过于夸大这一点),而应该更努力寻求获得知识的方法(学会如何学习)。

如果我们要学习的所有东西都必须重新发明和日益更新,那么教学就变成了教育,而且就越来越变成了学习。

如果学习包括一个人的整个一生(既指它的时间长度,也指它的各个方面),而且也包括全部的社会(既包括它的教育资源,也包括它的社会的和经济的资源),那么我们除了对"教育体系"进行必要的检修以外,还要继续前进,达到一个学习化社会的境界。

日益增多的知识与传统,几千年来都是从教师传给学生的,随着这种情况便产生了严格的、权威性的、学院式的纪律,反映着社会本身就是建立在严格的权威原则之上的。这就树立了具有权威性的师生关系的典型,而这种典型仍在全世界大多数学校里流行着。

虽然我们对过去历史的这种看法是片面的,教育的历史似乎为未来的教育提出了双重的任务——教育既要复原,同时又要革新。

20多年来,人们始终只注意到几个主要问题——如何在数量上扩充教育事业;如何能使教育民主化;如何使教育体系的结构多样化;如何使教学内容和方法现代化。

对于教育的要求是我们时代的特征,其范围之广和力量之大是空前的。这种演进——由于种种协调一致的原因——正在世界所有地区发生着,无论其经济发展水平、人口增长率、人口密度、技术进步的程度和每个国家的文化政治制度如何。这是一个无可争辩的普遍历史现象。

社会—经济的变化和教育活动的结构与形式之间存在着密切的相互关系。在这种关系中两者是同时发生的或是先后发生的。我们认为,这种相互关系曾经对历史运动有过功能上的作用。

此外,在我们看来,教育是在环境中进行的,因而它提供了有关环境的知识,于是教育便可以运用这种知识,帮助社会觉察到它的问题,而且如果人们集中力量培养"完善的人",而这种人又会自觉地争取他们个人和集体的解放,那么,教育就可以对改变社会和使社会具有人性做出巨大贡献。

教育的基本功能之一就是重复,重复地把上一代从祖先那里继承下来的知识传给每一代。

教育作为一种想象。教育是附属于社会的一个体系,它必然反映着那个社会的主要特征。

第一,教育改革要有社会的和经济的发展目标,这一点在今天比过去任何时候都更加必要。第二,我们很难想象,没有教师的更新,社会也会发展。

在目前的普通教育中,人们并没有系统地从理论上学习技术。人们也没有试图了解技术对个人、社会或整个世界的用处。

为了掌握技术,我们可以把技术视为一个改造原材料的过程,二者总是需要精力和知识的。

在这以后,我们就要用统一的探讨方式去分析所有简单的或复杂的工序所依据的各种原理,并指出:人改变世界时总是离不开技术的。

给每一个人平等的机会,并不是指名义上的平等,即对每一个人一视同仁,如目前许多人所认为的那样。

机会平等是要肯定每一个人都能受到适当的教育,而且这种教育的进度和方法是适合个人的特点的。

教育有两个根本弱点,往往使教育成了一个难于对付的工头。如果我们承认这两个弱点,教育学就能得到大大的改善。

第一个弱点是它忽视了(不是单纯地否定)个人所具有的微妙而复杂的作用,忽视了个人所具有的各式各样的表达形式和手段。第二个弱点是它不考虑各种不同的个性、气质、期望和才能。

当教育一旦成为一个连续不断的过程时，人们对于成功与失败的看法也就不同了。

如果一个人在他一生的教育的过程中在一定年龄和一定阶段上失败了，它还会有别的机会。他再也不会终身被驱逐到失败的深渊中去了。

从终身教育的立场和当前人类知识的现状来看，把教师称为"师长"（Masters）（不管我们给这个名词一个什么意义），这是越来越滥用名词。

教师的职责现在已经越来越少地传递知识，而越来越多地激励思考；除了他的正式职能以外，他将越来越成为一位顾问，一位交换意见的参加者，一位帮助发现矛盾论点而不是拿出现成真理的人。

他必须集中更多的时间和精力去从事那些有效果的和有创造性的活动：互相影响、讨论、激励、了解、鼓舞。

科学与技术必须成为教育事业基本的组成部分；科学与技术必须同一切儿童、青年或成人的教育活动结合起来，以帮助个人既控制自然与生产的力量，也控制社会的力量，并从而控制他自己，控制他所作出的决定和行为。

最后，科学和技术还必须帮助人类养成科学精神，因而使他能促进科学而不致为科学所奴役。

计算机最大的优点是，它把人类从脑力劳动的机械活动中解放出来，使人们的思想可以专门致力于那些仍然还不能为计算机所替代的工作，如思考问题和作出决定等。

教育技术绝不是强加于传统体系上的一堆仪器，也不是在传统的程度上增添或扩大一些什么东西。

只有当教育技术真正统一到整个教育体系中去的时候，只有当教育技术促使我们重新考虑和革新这个教育体系的时候，教育技术才具有价值。

为了使技术革新有意义和有效果，我们必须在整个教育体系的联系中去考虑运用技术的涵义。

总的讲来，教师的作用目前正在发生变化。权威式的传递知识的办法正在通过花费更多时间判断学习者的需要，推动和鼓励学生学习，考核所获得的知识等办法加以补充。

终身教育这个概念，从个人和社会的观点来看，已经包括整个教育过程了。它首先关心儿童教育，帮助儿童过着他应有的生活。同时它的主要使命是培养未来的成人，使他准备去从事各种形式的自治和自学。后一种学习要求为成人发展许多范围广阔的教育结构和社会活动。这一切虽然是为了它们本身的目的而存在的，但也是改革初步教育的先决条件。

因此，终身教育就变成了由一切形式、一切表达方式和一切阶段的教学行动构成一个循环往复的关系时所使用的工具和表现方法。

　　大多数的教育体系，无论在它的机制方面还是在它的精神方面，都不把个人看作具有特性的人。一个权力集中的官僚行政机构不可避免地会把人当作物品。

【参考文献】

　　1. 联合国教科文组织国际教育发展委员会.学会生存——教育世界的今天和明天[M].北京：教育科学出版社,1996.

　　2. 陈曦.《学会生存——教育世界的今天和明天》评介[J].地理教学,2019(17):1.

　　3. 李薇.教育改革取得成功的基本要素分析——来自《学会生存》报告的六点启示[J].继续教育研究,2017(1):110-112.

　　4. 徐辉,李薇.迈向学习型社会的重要宣言——写在《学会生存》发表40周年之际[J].教育研究,2012(4):4-9.

　　5. 阎九峰.《学会生存》——一部影响当代世界教育进程的文献[J].教育研究,2006(11):108-109.

　　6. 侯怀银,赵苗苗.《学会生存》在中国的引进及其影响[J].山西大学学报(哲学社会科学版),2010(3):63-69.

主题二　教师发展

只有教师产生了内在的需要和愿望，才会有寻求专业发展自觉的意识、饱满的精神、认真的态度以及不懈的努力，教师专业发展才会成为一种坚定的、持久的行动。

——吴康宁《重新发现教师》

《师道实话》

推荐版本

书名:《师道实话》

作者:陈桂生

出版社:华东师范大学出版社

出版时间:2008 年

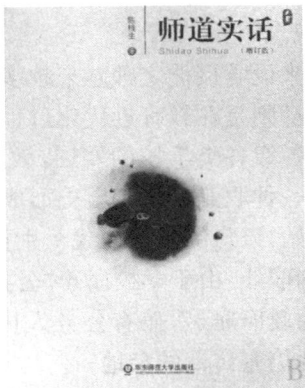

一、作者简介

陈桂生(1933—),江苏省高邮市人,华东师范大学教授,全国马克思主义教育思想研究会副理事长,享受政府津贴。已发表学术论文 260 余篇,出版专著和主编教材 30 余部。著有《"教育学"辨——"元教育学"的探索》《历史的"教育学现象"透视——近代教育学史探索》《中国教育学问题》《回望教育基础理论——教育的再认识》《教育原理》《普通教育学纲要》《师道实话》等。其中,《教育原理》一书先后获得上海市哲学社会科学优秀成果(1986—1993)著作类一等奖(1994 年)、普通高等学校优秀教材一等奖(1996 年)、普通高等学校国家级教学成果一等奖(1998 年),被视为教育科学研究人员的必备学习材料。陈桂生先生多年来主要从事教育基本原理方向的研究,以擅长精密的逻辑思维和对教育细致的审视著称,著述颇丰,为建构具有中国特色、中国学派的教育科学体系做出了卓越的贡献。

二、内容简介

《师道实话》于 2004 年问世,至 2007 年先后印刷了 8 次。初版共收入短作 57

篇。增订版中删去 10 篇,保留 47 篇,增加新作 21 篇,共 68 篇。新增篇章占约全书三分之一,大都属于随笔其表、专业见识其里之作。力求以专业视角审视隐含在教师日常职业行为与职业生涯中的师道问题;同时,依据常理对教师问题领域中的老教条及新话语加以分辨。

全书包括四个部分,第一部分为教师职业行为,共 16 篇;第二部分为教师职业生涯,共 10 篇;第三部分为虚虚实实的教师,共 16 篇;第四部分为师说别解,共 26 篇。

三、内容解读

(一)教师职业行为

1. 教师职业

从个人角度来看,以设学徒制为谋生手段,可能是短期行为,也可能为终身大计。唯有长期甚至终身授业者,在职业类别中,才具有"教师"身份。不过,这种"职业含义"有别于近代以来的"职业观念"。

中国早就有私学兴起,后来设学授徒之师越来越多。到明清之举,塾师几乎遍及城乡,而近代意义的"教师职业"则是在教育近代化过程中才形成的。从近代开始,不仅由于基础教育的普及,以及各级各类学校的发展,教师数量增加,而且由于授业本身的变革,才使教师可能成为一种职业。鉴于历史形成的个别授课缺乏办学效率,阻碍教育事业的发展,从近代开始,以班级授课取代个别授课成为不可逆转的趋势。尽管近代以来已经逐渐形成教师职业,由于学校属于"公共教育机构",其中公立学校教师,或相当于国家公务员,或为政府雇员,兼有公务人员与专业人员双重身份。至于教师职业可能达到的专业程度仍有讨论的余地。

谈到教师的社会地位与职业声望,世界各国似乎都存在自相矛盾的说法。即无不论定教师属于崇高的视野;同时又否认,教师的职业声望并不高,教师的待遇普遍略低于同学历的其他许多职业的从业人员。其实,这两种估价并不见得冲突。因为前者只表示由于教师职业同未成年人的成长直接相关,故教师应当受到尊重;后者陈述的是教师工作环境与待遇的实际情况。这种对教师厚望与薄待的反差,或许同教师职能的专业化程度不够高相关。

2. 师生关系

一般地说,师生之间是在一定教与学的结构中形成的特殊的人际关系。这种人际关系也就因教与学结构的历史形式而异。由于教与学的结构形式的变化受到教与学借以实现的信息传播媒介的深层影响,故信息传播媒介的变化对师生关系一般性质的影响最为深刻。所以师生关系的一般性质不是一成不变的。

人类在口头语言产生以后,便有可能产生教与学的活动。由于作为文化载体的语言与当事人不可分离,故人类最初只能向比自己更有经验、更有修养的人学习。

文字符号和书籍的传播,使得教与学更带有专门的性质,导致最初的正式教育机构、教师和相对稳定的师生关系的产生;在纸张和印刷术发明以前,书籍异常金贵,教与学只能以口头传授的方式运作。由于教师的传授是学生知识的主要源泉,所以教师对于学生具有绝对的权威。即使在书籍较为流行以后,虽有可能独立自学,由于文化典籍的解读需要指导,教师权威并未因书籍的流行而动摇。

到了近代,随着班级授课制的通行,教师事实上主要同"学生群体"而不是各个学生发生教与学的联系,后来由于课程日益复杂,又发生单个学生同"教师群体"而不限于单个教师教与学联系的情况。正是这种"一师多生、一生多师"的状态,使单个教师与单个学生之间联系的纽带日趋松懈,导致师生关系淡化。

在当代,随着广播、电视、手机、互联网之类高科技传播媒介广为流行,出现"拟真社会",使人们在虚拟空间的自主交往的教与学成为可能。加之现代自主意识与民主意识的觉醒,师生关系发生了或快或慢的变化。

3. 教师权威

一个教师如果没有一定的权威,将驾驭不了学生,也就影响不了学生;反之,教师权威也可能压抑学生,或在无意中训练了学生的奴性。

真正的教师权威,是指教师在学生心目中的威望,而学生从这种威望中油然而生敬畏之心。通常把教师得自公职的权力,称为"外在的权威";把源于教师自身修养的威望,称为"内在的权威"。内在的权威自然优于外在的权威,一个过分依赖外在强制力的教师,往往导致权威的丧失。唯教师内在权威的教育价值也是有限的。

(二)教师职业生涯

1. "师道""师德"与"现代教师的职业精神"

"师道"是中国古代形成的概念,"师德"是西方近现代职业社会形成以后的概念。在教师职业组织产生以后,教师职业组织为了维持职业声望,逐步建立起职业规范,其中包括职业道德,以约束业内人员的职业行为。

无论是教师职业组织的自律,还是来自教育行政当局的他律,大都以制约教师行为的起码的准则为限度。中国古代的"师道",属于教师应有的教育价值观念,旨在使授业过程成为儒家道统传承的过程。

"现代师道"指教师对其执教的知识负责,对其执教的学生负责,对置身于其中的社会负责。这是将教学—教育作为自己的事业的具体体现。而体现教师对知识负责、对学生负责、对社会负责的不可违背的行为准则,则应成为"现代师德"的基本内涵。

2. 教师的经验总结

教师的总结,大致有两种情况:一是已经形成一定的经验形式,不过还没有以全面的事实材料把这种经验系统地加以表述,也没有分析在实践中遇到的问题;一是有比较明确的教育价值观念,也进行了一些实践尝试,只是在初步总结中所提到的措施与事例,还不足以说明所要说明的问题,至少表明我们对自己所用的教育概念、自己的教育信条,还没有充分理解。

所谓"教育经验",指的是自己关于"做什么"和"怎么做"选择的过程和在这种实践过程中的体验。表明一种"教育经验",至少显示出"做什么"与"怎样做"。如果不是偶然这样做,而是系统实践的尝试,便会形成某种与众不同的实践形式,称为"经验形式"。

（三）虚虚实实的教师

1. 教师称谓

教师,中国古代称"师"。清代末年初办近代学校时,曾称教师为"教习",后改称"教员"。"中华民国"时期,这一名称始终未改。中华人民共和国时期,通称"教师",并且往往为其添加带有社会—政治属性的定语,反映社会—政治属性的变化。

中华人民共和国成立后,一般把教师称为"人民教师",标志着教师从为有产者服务转变为为人民服务,并成为人民民主社会与国家的主人。20 世纪 50 年代,教师被称为"人类灵魂工程师"。现时代人们更感兴趣的是"学者型教师""专家型教师"。

2. 专家型教师

"专家型教师"的关键词是"专家"。专家,一般是指对某种学术、技能有特长的人。"专家型教师"主要指"造诣高深的中小学特级教师",有时也称为"学科专家"。

我国长期以来实施的基础教育课程,在课程编制的类型上,属于学科课程。如今出台的基础教育课程实施方案,包括打破学科课程局限性的尝试,在课程结构中,纳入综合课程与综合实践活动等新的成分,但仍以学科课程为主体。所谓"学科教学专家",正是这种课程结构的反映。

3. 教师就是教师

当个普普通通的教师并不容易。教师劳动的特点及由此决定的教师劳动的严肃性,必然会对教师的素养提出"极高的要求"。其中包括:高尚的师德、现代人的素质、渊博的知识和多方面的才能,以及掌握教育科学和教育能力。

教师,不管把他归入什么"型",他至少必须是合格和尽职的教师。因为中小学历来都不乏"学者型""学科专家型"教师,而这类人物却未必都能教好学生、带好学生。要说"教师就是教师",从现今中国教师的境况看来,为数不少的教师,就其工作而论,不客气地说,倒未必都无愧于"教师"这个称号。做个合格的教师不易,做个有良知的教师也不易,但这却是作为教师必须要做到的。

（四）师说别解

1. "好为人师"辨

孟子说:"人之患在好为人师。"然而,"为人师",原为善举,何"患"之有? 问题在于若有自知之明,或无自足之蔽者,难道都可免"好为人师"之"患"?

"诲人"而"不倦",不可谓没有"诲人"之"好",而不失为一德,是何缘故? "好为人师"与"诲人不倦"区别何在? "诲人不倦"精神之可嘉,在于它出于对别人的至诚。"好为人师"则出于炫耀自己。

2. "师术有四"辨

荀子称:"师术有四,而博习不与焉。尊严而惮,可以为师;耆艾而信,可以为师;诵说而不陵不犯,可以为师;知微而论,可以为师……"

关于这段陈述,有很多注解,但大多是就字解字,忽视从总体上把握这段话的语境，所以有失原意。

中国古代所谓"术"，有技术、手段、策略诸义。荀子所谓"师术"，指的是师之方略。其中贯穿一种中庸之道，故又可称其为中庸的"师道"。荀子倡导的"师术"可以算是对孔子师道的补充和对中庸精神的发扬光大。

3."师严然后道尊"辨

古代"教"与"学"，既可分又不可分。古代之"教"，重在教弟子学，而所教，主要为人伦之道，故教弟子学，又重在督促，在这种情境中，"教不严，师之惰"有一定道理，至于"严师"是不是一定"出高徒"，那就难说。

至于现代，"教"与"学"的组织同古代显然有别，教的宗旨与内容变化更大，况且现代学生自我意识较古代生徒清楚。所以，在现代，所谓"严师出高徒"，比古代更加近于神话。

四、总体评价

总体来说，本书给读者的直观感觉是：不写虚文，但说实话。在现今的教育媒体上，我们常常可以看到很多"理论性"很强的文章。这些教育言论，看起来十分正确，大家也都认同，可是对现实几乎没有任何帮助，陈桂生教授称之为"虚文"。正是有感于这样的"虚文"太多，陈教授下决心说"实话"，他说了很多"实话"，《师道实话》是他的实话系列论著中的一本。

这些"实话"，陈桂生教授自谦为"登不上大雅之堂的"，其中的一篇篇文章，"大都是以话搭话而来"。作者从"高头讲章、官方文书、时髦论调，或师座百态"中引出话题，然后搭上自己的话，"尽可能地把老师们平常在背地里叽叽咕咕的大实话和小道理，涂抹上一层理论色彩，实说出来罢了。"通读全书，这倒的确是"实话"。作者能实话实说，道出了一线教师的不易与艰辛，实在难能可贵。对一线教师所关注的话题都有涉及，是一本不可多得的现实师道读本。

本书有"教师职业""教师角色""教师修养""师道别解""余论"等部分，书中就教师角色的漫话，可谓是中的之矢，作者的漫话式的笔调，剖析了一个个深层次的问题。

尊师重教的呼吁，应该说从来就没有停止过，但对于一些做了几十年教师的人，内心里真实的感受却是：人们越来越不拿教师当回事儿了。

若问原因何在？其实很简单，师道不存，尊严何来？中国历来有尊师重教的光荣传统，世界上最早的一部教育专著《礼记·学记》有"建国君民，教学为先"的主张，意即"建设国家，管理公众事务，教育为最优先、最重要的事情"。《荀子·大略》有"国将兴，必贵师而重傅；贵师而重傅则（人有礼，人有礼则）法度存。国将衰，必贱师而轻傅；贱师而轻傅则人有快，人有快则法度坏"的论述，意即"国家想要兴旺，必定看重老师；看重老师，人们就会守礼；人们守礼，规则制度就能被保持。国家将要衰败，必定轻贱老师；轻贱老师，人们就会放纵；人们放纵自己，规则制度就会被破坏"。我国民间更有"一朝为师，终身为父"的说法，把"老师"等同于自己的生身父母，把"尊敬师长"等同于"孝敬父母"，认为父母给人以"性命"，老师给人以"慧命"，等等。

何为"师道"？通常人们大都认为师道就是"为师之道"，而陈桂生先生在该书《序·师道实话实说》中明白无误地指出："至于'师道'一词，据先师萧承慎教授考证，原出于《汉书·匡稀传》。在慎师大作《师道征故》中，分为'为师之道''尊师之道'与'求师之道'，线索非常清晰。"这三个部分组成了完整的师道。遗憾的是这些在"精英"们眼里，不是不合时宜的古董，就是封建专制的糟粕，而尽遭诅咒和唾弃，使得最不应该丢弃的中国教育传统或丢失殆尽或被踩在脚下。"师道之不传也久矣！"这话是韩愈在一千多年前讲的，陈桂生先生今天读来只能是一声叹息了："如今什么'茶道''花道''拳道'等都传下来了，倒是'师道'一词真的'不传也久矣'！"重建师道，是弘扬中国教育传统最重要的内容。唯有如此，教师的尊严才能确立，教育的振兴方有指望。

五、原文选读

实际上愈是简单的职业（如各种工匠）成为专门职业的时期愈早，而愈为复杂细密（或所关愈巨）的职业（如我们所讲的教育），其趋于专业化的时期反愈晚。

人道教师是"人类灵魂的工程师"，那是对教师的美称；实际上教师常被视为"教书匠"，那是一种贬称，间或是教师的谦辞。这些都是比喻。前者是对教师在课程中应当扮演的角色的比喻，后者是对多数教师在课程中实际上扮演的角色的比喻。

备课，作为教师的日常工作，同上课质量直接相关。如何备课，不仅是态度与方法问题，也存在备课观念的不同。其中以"面向书本"的备课观与"面向学生"的备课观最为突出。

在教育过程中，若遇到异常情况或突发事件，尤其是难以解决的问题，如按照常规处理，往往不能见效。

有些教师于"山重水复疑无路"之际，却能随机应变，别出心裁，以出人意料的安排从容应对，发现"柳暗花明又一村"，从中显示出人们常说的"教育机智"。

每个人有那么多业师，而真正对个人成长发生深刻影响的教师却微乎其微。这种情况不能不令人深长思之。这自然并不意味着多数教师对其学生没有发生教育影响，只是说他们的影响渐渐从学生的印象中淡出。

由此也就不能不对多少年来在教育学中或教育学以外的舆论中，关于教师作用的那些议论多少发生一些怀疑。

教师权威，既有赖于教师在履行指导与管理学生的公职时所获得的权力，也可能是教师基于自身道德修养、学识修养、业务能力而形成的威望。这是两种性质不同的权威。它们都不是自然获得的，其教育价值也不尽相同。

"现代师道"当指教师对其执教的知识负责，对其执教的学生负责，对置身于其中的社会负责。这便是将教学—教育作为自己的事业的具体体现。而体现教师对知识负责、对学生负责、对社会负责的不可违背的行为准则，则应成为"现代师德"的基本内涵。

未来,教师角色是什么,连学生都知道。这便是"好好上课"。因为这同学生切身利益的关系最为密切。问题在于有些教师虽不赞成对自己的苛求,而往往对导致这种苛求的理由倒不乏兴趣。而"像母亲"、"像父亲"、"像学者"……便是如此这般理由。故对诸如此类"理由"能否成立,也就少不得一辨。

【参考文献】

1. 陈桂生.师道实话[M].上海:华东师范大学出版社,2008.
2. 陈桂生.教育学的建构[M].上海:华东师范大学出版社,2012.
3. 吴国平.陈桂生教育学研究思想管窥[J].教育发展研究,2016(10):61-68.

《大教学论》

推荐版本

书名:《大教学论》

作者:夸美纽斯

译者:傅任敢

出版社:教育科学出版社

出版时间:1999 年

一、作者简介

　　杨·阿姆斯·夸美纽斯(1592—1670 年)是捷克著名的教育理论家和实践家。他是中世纪教育和近代教育的衔接者。他继承古希腊、古罗马教育思想的同时吸收了文艺复兴时期的人文主义教育成果,借鉴当时新兴资产阶级的教育理念,总结个人教育实践,系统论述了新兴资产阶级对家庭教育、学校教育等多方面要求,奠定了西方近现代以来教育理论的基础。

　　夸美纽斯的著作多达 256 种,其中,《母育学校》于 1630 年写成,是世界上第一部学前教育专著,详细论述了在家庭中进行幼儿教育的各个问题;《大教学论》于 1632 年写成,是近代教育理论的奠基之作,在里面详细论述了教学的原则并第一次提出了班级授课制;《世界图解》于 1654 年写成,是历史上第一部依据直观原则编写的对幼儿进行启蒙教育的看图识字课本。

北京师范大学邹安川认为：“在我看来，夸美纽斯是一个孤独的拓荒者。因为生前的他经历过无数次的压迫、被人忽视、流离失所和背井离乡，很孤独，也很痛苦；而死后的他，被遗忘了 200 年之久，才被人从厚厚的尘灰中记起。说他是一位拓荒者，因为他在几乎所有教育理论、教育实践的重要问题上都有他那个时代的开创之举，而且荒开得很广很深，贡献卓著。”

二、内容简介

《大教学论》共有 33 章，分为六个部分。书中明确提出并详细论证了一系列的教学原则和教学规则，提出并论述了各种教学方法（包括一般的教学方法和分科的教学方法），拟订了各级学校的课程设置，确立了学校教学工作的基本组织形式，制订了编写教科书的原则要求，甚至对教师如何上好一堂课也都做了具体的规定。《大教学论》全面地论述了改革中世纪的旧教育、建立资本主义新教育的主张，提出了一套完整的教育理论体系，第一次把教育学从哲学中独立出来，完成了教育理论上有史以来的重大变革。它开创了近代教育理论的先河，成为划时代的巨著。因此，夸美纽斯被称为近代的“教育巨匠”和“教育理论的始祖”。

在《大教学论》中，夸美纽斯高度评价了教育对社会的作用，认为“教会与国家的改良在于青年得到合适的教导”。他希望通过教育，改革社会道德普遍堕落的现象，从而“减少黑暗与倾轧”，得到“光明与和平”。同时，他也高度肯定了教育对人发展的作用。认为“假如要形成一个人，就必须由教育去形成”，“只有受过一种合适的教育之后，人才能成为一个人”。他把人的心灵比作园地中的泥土，可以栽种各色花木，结出累累果实。

三、内容解读

（一）写作背景

《大教学论》一书的写作背景基于以下四方面：

1. 社会下层人民生活穷困

捷克人们不甘异族的宗教和政治压迫，于 1618 年掀起反对德国贵族和天主教会的暴动，并由此引发了“三十年战争”。连年的战争使捷克社会经济与人们生活遭到严重破坏，夸美纽斯目睹了人民的穷困生活状况，十分同情，因此他希望通过教育来改善人民生活。

2. 人文主义教育思想兴起

文艺复兴运动是一场伟大的文化革命运动。与之相适应，人文主义教育便应运而生，人文主义教育思想家层出不穷，纷纷提出自己的教育见解。夸美纽斯则是吸取了前人的经验，加上个人的创造，建立了新兴资产阶级的教育学体系。

3. 旧教育弊端重重

夸美纽斯时代的教育，虽然经历了文艺复兴时期人文主义思想和宗教改革运动的冲击，但经院习气依旧十分浓厚，教学内容脱离社会生活，教学方法呆板落后，教学管理混乱无序。对旧教育的不满以及对穷人没有受教育机会的同情,夸美纽斯提出了学校改革及普及教育的思想。

4. 兄弟会生活环境影响

夸美纽斯生长在捷克兄弟会家庭和捷克兄弟会环境之中,这是一个新教教派组织,会员多为贫苦农民和城市下层居民。兄弟会内部奉行互助共济生活原则。其成员十分重视儿童的教育,主张人人受教育。兄弟会学校招收学生不论贫富、男女,一律平等。学校教学采用班级授课形式。捷克兄弟会的这种生活环境为夸美纽斯《大教学论》的创作提供了土壤。

(二)重要思想

1. 主张普及教育

夸美纽斯从他的民主主义的"泛智"思想出发,提出了普及教育思想。他的泛智思想要求"把一切事物教给一切人",并且认为"一切儿童都可以教育成人"。他要求把教育普及于一切男女儿童的思想无疑是进步的。但由于受历史条件的局限,他的普及教育思想是有缺陷的。他认为一切男女青年受教育的目的和程度应是不同的。权贵子女受教育是为了成为领袖人物;地位较低的人受教育是使他们能服从长上;妇女受教育是使她们能照料家庭,增进她丈夫和家庭的幸福。夸美纽斯普及教育的思想主要是为了现世的目的,而不是为宗教服务的。

他在《大教学论》中论述了普及教育的可能性,认为一切人都能接受共同的教育;也论述了普及教育的主要场所,应该设在公立的初等学校里。为了使国家便于管理全国的学校,为了使所有的儿童都有上学的机会,夸美纽斯主张建立全国统一的学制。他把人生分为四个时期,主张按这种年龄分期设立相应的学校。

2. 主张教育要适应自然

在《大教学论》中始终贯彻着一个核心指导原则,即教育必须适应自然的原则。所谓教育适应自然就是指教育必须遵循自然界的普遍规律。他的观点主要分为以下两点:

(1)教育应该遵循自然的规律和秩序

在夸美纽斯看来,自然界存在一种秩序及普遍规律,人是自然界的一部分,因而人类的教育活动必须与自然界的普遍规律相适应。旧学校的根本错误是它违背了自然,学校改良的基础也应当是一切事物里的恰切的秩序。人类的教育应当遵循自然的秩序,从"人生的青春"即儿童时期开始,强调遵守合适的时机。

(2)遵从人的身心发展本性和规律进行教育

教育要依照儿童的自然本性去进行教育,培养心智和谐发展的自然人。夸美纽斯主张按照儿童的心理特点和理解能力,划分儿童的学龄阶段,建立全国统一的学校制度。他认为自然一年有四季,四季循环有序,依次相连,因此儿童的"全部期间应当分成四个明显的阶段,即幼儿期、儿童期、少年期、青年期,每期分派六年的光阴和一种特殊的学校。"

3.强调道德教育

夸美纽斯非常重视道德教育,在他看来,德育比智育更重要。夸美纽斯认为,人类有了道德,也就"高出一切造物之上"。因此,他强调指出,道德应当通过学校这个"人类的锻炼所"来培养。在夸美纽斯看来,学校应当着重培养的德行是"持重、节制、坚忍与正直"。

至于如何进行德育,夸美纽斯提出了以下几点建议:

第一,德育应当尽早进行,应该在邪恶尚未占住心灵之前,早早就教德行,应当通过练习养成。

第二,德行是由经常做正当的事情学来的。孩子们容易从行走学会行走,从谈话学会谈话,从写字学会写字,从服从学会服从,从节制学会节制,从说真话学会真实,从有恒学会有恒。

第三,道德教育需要榜样和教诲,儿童必须非常用心地避免不良的社交。

第四,道德教育需要用纪律制止邪恶的倾向。

四、总体评价

《大教学论》是夸美纽斯在批判地总结前人的研究成果的基础上,经过长期构思、几经修改而写成的重要教育论著。他的教育思想不仅给当时世界的教育理论与实践的改革提供了依据,而且对现今世界各国的教育理论与实践有借鉴意义,影响深远。夸美纽斯受文艺复兴思想的影响,注重人性,但由于基督教的世界观根深蒂固,其教育思想中渗透着神学的思想。

尽管夸美纽斯的教育理论面面俱全,但纵观全书,他对教育评价方面很少涉及,并且也存在着历史局限性。夸美纽斯受培根的"感觉论"影响提出直观教学,通过感官帮助理解巩固知识。这与经院主义教育所提倡的死记硬背相比也是教学上的进步,但是他过分夸大了直观的意义,把直观知识和间接知识相对立,夸大了感性认识的作用而忽视了理性认识的作用,"一切知识都是从感官的感知开始的","在可能的范围内,一切事物都应该尽量地放到感官跟前,一切看得见的东西都应该放到视官的跟前,一切听得见的东西都应该放在听官的跟前。"

在论及教学原则和教学方法时,在一定程度上是对旧教育弊端的改良,但是存在着机械性和简单化的缺点,将其与自然现象机械的简单的类比。如在论及班级授课制时,他提出"一个教师同时教几百个学生不仅是可能的,而且是要紧的";他要求学校组织"是学生在一定的时候只学一件事情",还要求绝对遵守教学时间和学科安排,不能有任何省略或颠倒;把教学原则与小鸟孵化及建筑师建造房子简单地相比较等。

五、原文选读

理性本身宣布,人类这种完善的生物较之其他一切生物注定有一个更高的目标,要与一切完善、光荣与幸福的极致的上帝相结合,要与上帝永远同享最高的光荣与幸福。

在今生中，我们的生活有三方面，即植物的、动物的和智性的或精神的。这其中，头一种的作用限于身体方面，第二种可以利用感官与运动，伸展到外物上去，而第三种则能够单独存在，这是天使的例子所明示的。

我们在今生中的一切行动与情爱都表明，在这个世界上面，我们达不到我们的终极目的，一切与我们有关的事情和我们本身都另外有一个目的地。

人除了赋有求知的欲望以外，他不仅能够忍受劳作，并且爱好劳作。这在儿童最小的时候就可以看出来，我们一辈子都是如此。

事实上，人不过是身心两方面的一种和谐而已。因为世界本身就像一座大钟，这座钟有许多转轮与铃子，并且组合得很巧妙，全钟的各部分互相依靠，使转动持续与和谐；人也是这样的。

我们已经知道，知识、德行与虔信的种子是天生在我们身上的；但是实际的知识、德行与虔信却没有这样给我们。这是应该从祈祷，从教育，从行动去取得的。

人的身体生成是要劳动的；但是我们知道，人生来只有学习劳动的能量。他要受到教导，才会坐，才会站，才会走，才会用他的手。

我们由此可以知道，凡是生而为人的人都有受教育的必要，因为他们既然是人，他们就不应当成为无理性的兽类，不应当变成死板的木头。并且由此可见，一个人愈是多受教导，他便愈能按照准确的比例胜过别人。

由于人类职务和人类数目的增加，所以很少有人具有充分的知识或充分的闲暇去教导自己的子女。

因此就兴起了一种贤明的制度，为儿童的共同教育选出一些有丰富知识和崇高道德的人。这种教导青年的人叫作导师、教师、教员或教授，作为这种共同教导之用的场所就叫作学校、小学、讲堂、学院、公立学校和大学。

不仅有钱有势的人的子女应该进学校，而且一切城镇乡村的男女儿童，不分富贵贫贱，同样都应该进学校。

一切生而为人的人，生来都有一个同样的目的，就是他们要成为人，即要成为理性的动物，要成为万物的主宰及其造物主的形象。

所以，他们都应该达到这样一个境地，即在适当地吸取了学问、德行与虔信之后，能够有益地利用此生，并且好好地预备来生。

我们应该集中我们的精力，一生一世，在学校里面，并且借助学校做到：（1）通过科学与艺术的研究来培植我们的才能；（2）学会语文；（3）形成诚笃的德行；（4）虔诚地崇拜上帝。

心灵的要素包含三种能力，使我们回想到没有经历创造的三位一体，就是智性、意志和记忆。

教学艺术所需要的也不是别的，只不过是要把时间、科目和方法巧妙地加以安排而已。

【参考文献】

1. ［捷］夸美纽斯.大教学论［M］.傅任敢,译.北京:教育科学出版社,1999.

2. 申长忠.教育要适应自然——重读《大教学论》有感［J］.教育理论与实践,2008(6):62.

3. 孙益.将一切事物教给一切人——扬·阿姆斯·夸美纽斯《大教学论》导读［J］.教育科学研究,2012(5):76－77,79.

《给教师的建议》

推荐版本

书名:《给教师的建议》

作者:苏霍姆林斯基

译者:杜殿坤

出版社:教育科学出版社

出版时间:1984 年

一、作者简介

瓦西里·亚历山德罗维奇·苏霍姆林斯基(1918—1970 年)是乌克兰卓越的教育家、教师、思想家和作家。他出生于乌克兰共和国一个农民家庭。1936—1939 年就读于波尔塔瓦师范学院函授部,毕业后取得中学教师证书。1948 年起至 1970 年去世,担任家乡所在地的一所农村接近中学——巴甫雷什中学的校长。自 1957 年起,一直是俄罗斯联邦科学院通讯院士。1968 年起任苏联科学院通讯院士。1969 年获乌克兰社会主义加盟共和国功勋教师称号,并获两枚列宁勋章、一枚红星勋章、多枚乌申斯基和马卡连柯奖章等。

苏霍姆林斯基一生短暂,但他却持之以恒地探索和孜孜不倦地写作,奇迹般地写出了 40 部专著、600 多篇论文、约 1200 篇儿童小故事。苏霍姆林斯基的全部著作都是面向教师、教育家、教育者、父母和自己孩子们的。他把自己的思维、思索、建议和见解全部倾注在了他的著作当中,即怎样培养"真正的人"。教师和父母应当历经何等艰难之路,才能使孩子成长为好学上进、聪颖、心地善良而高尚的人和好公民。

苏霍姆林斯基的作品在乌克兰国内人人皆知并喜爱,而且在国外许多国家也被广为出版。如众所周知的《我把心给了孩子们》《公民的诞生》《给女儿的信》以及某些论文和小故事。苏霍姆林斯基在从事学校实际工作的同时,进行了一系列教育理论问题的研究,写有《给教师的一百条建议》《把整个心灵献给孩子》《巴甫雷什中学》《公民的诞生》《失去的一天》《学生的精神世界》《致女儿的信》和《妈妈,我不是最弱小的》等教育专著收在《苏霍姆林斯基选集》(五卷本),《给教师的一百条建议》为师范学生入学必读。

二、内容简介

《给教师的建议》一书由教育科学出版社 1984 年出版。本书是苏联当代教育家瓦·阿·苏霍姆林斯基为了解决中小学的实际问题,切实提高教育、教学质量,专为中小学教师写的一本教育经典书。译者根据我国的情况和需要,选择了《给教师的一百条建议》的精华部分,另从他的其他著作里选译了有益于教师开阔眼界、提高水平的精彩条目,作为补充,全书仍有一百条,改称《给教师的建议》。书中每条谈一个问题,既有生动的实际事例,又有精辟的理论分析。文字深入浅出,通顺流畅,具有很强的可读性。本书有一百条给老师的建议,内容充实,全面地反映了作者的教育思想和教育实践。

三、内容解读

(一)尊重学生的个体差异性

苏霍姆林斯基相信:"在这种做法下,所有的学生都在前进——有的人快一点,另一些人慢一些。"只有在充分了解学生情况,在尊重生命、尊重客观规律的基础上,教师才能够进一步开展教学,也不会在"中途"就把学生远远地落下,更加不会去抱怨哪个学生笨和差。教师能够看到学生个体的差异,以宽容、理解的心态对待他们,并进行激励性的评价,"学生就不会把教师单纯地看成严厉的监督者,也不会把评分当成一种棍棒。他可以坦率地对教师说:某某地方我没有做好,某某地方我不会做。他的良心是纯洁的,他不可能去抄袭别人的作业或者考试时搞夹带。他想树立起自己的尊严。"

苏霍姆林斯基一开篇就讲解了要保护学生的自尊感,每个学生是有差异的,也就是孔子所说的因材施教。我们不能立马给孩子下评语,就说这个孩子不行,智商不行,或者如何如何。每个孩子都需要照顾到,而不是只关注学习突出的那些学生。学习一般的学生也需要得到老师的关注。在中国的学校教育中,也有大量老师主要关注于学习成绩好的学生,似乎成绩好就代表品德好,就是好学生。而对于学生成绩一般,甚至较差的学生,则缺少应有的指导与帮助。然而,每个孩子的个性、天赋等方面都是有差异的。作为教师,应该发现这种差异,并有针对性地对孩子进行指导与帮助。

(二)关注学生的智力生活

苏霍姆林斯基指出,有的学生除了关注上课内容、教科书、家庭作业和分数以外,对别的任何事情都不考虑,这些人的做法是不值得推崇的。在学校生活中,学习老师课堂教的书本知识很重要,但也应该注重个人的全面发展。除了平常的学校安排外,学生还应当有一种丰富的、多方面的智力生活。这种智力生活,是指学生的课外阅读,特别是在少年期尤其需要注重开展课外阅读活动。

(三)关注"后进生"工作

苏霍姆林斯基指出,要记住儿童的学习越困难,他在学习中遇到的似乎无法克服的障碍越多,他就应当更多地阅读。阅读能教给他思考,而思考会变成一种激发智力的刺激,书籍和由书籍激发起来的活的思想,是防止死记硬背(这是使人智慧迟钝的大敌)的最强有力的手段,学生思考的越多,他在周围世界中看到的不懂的东西越多,他对知识的感受性就越敏锐,作为教师,工作起来就越容易了。

(四)通过阅读扩充知识

在学龄中期和学龄后期,阅读科普读物和科学著作,跟在学龄初期进行观察一样,起着同样重要的作用,对一个善于观察的学生来说,也比较容易培养起对科学书籍的感受性,不经常阅读科学书籍和科普读物,就谈不上对知识的兴趣,如果学生一步也不越出教科书的框框,那就无从说起他对知识有稳定的兴趣。

特别重要的一点是,让学生阅读现代前沿科学问题方面的科学著作和科普读物,阅读这些书籍也能使学生对学校所学的基础知识理解得更清楚。学生头脑中产生的疑问越多,他对课堂上和学习新教材过程中所讲的知识的兴趣就越高,在课堂上讲解新教材以前就让学生积累问题,这倒是教学论上很值得研究的一个课题。

四、总体评价

苏霍姆林斯基被人们称为"教育思想泰斗"。他的书被称为"活的教育学""学校生活的百科全书",他所领导的帕夫雷什中学被列为世界上最著名的实验学校之一。苏霍姆林斯基的教育经验与理论著作是一个庞大的体系。在他一生长期的教育实践中,既当校长,又当普通教师;既教课,又当班主任;既做具体工作,又搞科学研究。他是一位勤奋务实、笔耕不辍的杰出人物。这就使得他能从学校工作的不同侧面、不同角度,全面地观察、了解研究有关学校教育、教学和管理的各种现象和问题,避免理论与实践中的片面性,及时总结经验教训,将其提升到理性的高度,逐步形成自己较为完整的教育思想体系。他的著作是近几十年来罕见的先进教育经验宝库。

苏霍姆林斯基具有执着的教育信念和顽强的工作作风。自从1948年被任命为帕夫雷什中学校长后,他的教育才华就愈益明显地展示出来。到20世纪50年代中期以后,他已成为一名成熟的教育家,活跃在苏联教育界。他的工作富有鲜明的独创性和革新精神,从不拘泥于传统的陋习,紧紧把握时代发展的脉搏,坚持将教育理论应用于实践。如,1955年以前的一段时间内,苏联普通学校一度完全取消了劳动课,而他主持的帕夫雷什中学却从未间断过。不仅如此,学生毕业时,既领取毕业证书,还领取职业证书。

苏霍姆林斯基伟大、光辉的一生给后人的最大启示是,教育理论工作者应深入教育教学第一线,做深入细致的研究工作。与此同时,教育工作者除了搞好日常工作之外,也时刻不应忘记肩负的理论研究的使命。真正的教育家是教育理论家与教育实践家的完美结合。尽管今天的教育形势比之苏霍姆林斯基写书的年代有很大的变化,但他的闪光的思想、精练的语言,对今天的教育工作者来说,丝毫不显过时,它仍像场"及时雨",滋润着一个个干渴的灵魂。它像与教师面对面一样,针对着教师的苦恼与困惑娓娓道来,常读常新,每次读都有新的收获与体验。

五、原文选读

为什么早在一年级就会出现一些落伍的、考不及格的学生,而到二三年级有时候还会遇到落伍得无可救药的,因而教师干脆对他放弃不管的学生呢?这是因为在学校生活的最主要的领域——脑力劳动的领域里,对儿童缺乏个别对待的态度的缘故。

能否保护和培养每一个学生的自尊感,取决于教师对这个学生在学习上的个人成绩的看法。

教学和教育的技巧和艺术就在于,要使每一个儿童的力量和可能性发挥出来,使他享受到脑力劳动中的成功的乐趣。

读书不是为了应付明天的课,而是出自内心的需要和对知识的渴求。如果你想有更多的空闲时间,不至于把备课变成单调乏味的死抠教科书,那你就要读学术著作。

一些优秀教师的教育技巧的提高,正是由于他们持之以恒地读书,不断地补充他们的知识的大海。如果一个教师在他刚参加工作的头几年里所具备的知识,与他要教给儿童的最低限度知识的比例为10:1,那么到他有了15年至20年教龄的时候,这个比例就变为20:1,30:1,50:1。这一切都归功于读书。

教师的时间问题是与教育过程的一系列因素和方面密切相关的。教师进行劳动和创造的时间好比一条大河,要靠许多小的溪流来滋养它。

如果学生并不知道他究竟在哪一点上落后,以及需要何种程度的帮助,那么教师就应当主动地找他个别谈话。

小学教师们!你们最重要的任务,就是构筑一个牢固的知识的地基。这个地基要这样牢固,使得接你们的班级的教师不必再为地基而操心。

我在自己的实际工作中始终把握住两套教学大纲:第一套大纲是指学生必须熟记和保持在记忆里的材料;第二套大纲是指课外阅读和其他的资料来源。

请记住:儿童的学习越困难,他在学习中遇到的似乎无法克服的障碍越多,他就应当更多地阅读。阅读能教给他思考,而思考会变成一种激发智力的刺激。

请你努力做到,使学生的知识不要成为最终目的,而要成为手段;不要让知识变成不动的、死的"行装",而要使它们在学生的脑力劳动中、在集体的精神生活中、在学生的相互关系中、在精神财富交流的生动的、不断的过程中活起来,没有这种交流,就不可能设想有完满的智力的、道德的、情绪的、审美的发展。

如果词不是作为一种创造的手段而活跃在儿童的心灵里,如果儿童只是记诵别人的思想,而不创造自己的思想并用词把它们表达出来,那么就他会对词采取冷淡、漠不关心和不易接受的态度。

有经验的教师在对儿童进行教学时,能使识记在思考(即思想深入到事实、事物、现象中去)的过程中进行。

一个有经验的教师,并不让学生花专门的功夫去记诵规则和结论:对事实的思考,同时也就是对概括的逐步的识记。思考和熟记的统一表现得越鲜明,学生的知识就越自觉,他把知识运用于实践的能力就越强。

有经验的教师们,在第一次教新教材的课上,总是力求看到:学生是怎样独立地完成作业的。在这种课上,一定要有学生的独立工作,使学生在独立工作过程中思考事实,得出概括性的结论。

我向你建议:在第一次学习新教材时,不要让任何一个学生对事实、现象、规律性做出肤浅的理解,不要使学生在第一次学习新教材时就在语法规则上犯错误,不要使学生在第一次学习数学规律时就解错例题和应用题,等等。

千万不要把打个分数作为检查知识的唯一目的。应当尽量把知识的评定跟其他目的(首先是知识的重新思考、扩充和加深)结合起来。

我向老师们建议:如果你们想使自己的学生成为善于思考的人,想使严整的、明确的、合乎逻辑顺序的思维通过清楚的说明和解释表达出来,那么你就应当吸引他们参加富有思想内容的劳动,把知识体系的关系和相互联系在劳动中体现出来。请你记住:劳动不仅是一些实际技能和技巧,而首先是一种智力发展,是一种思维和言语的素养。

请你教给学生观察和看见周围世界的各种现象吧。当自然界里发生转折的时期,请你把儿童带领到大自然中去,因为这时候正发生着迅猛的、急剧的变化:生命的觉醒,生物的内在的生命力正在更新,正在为生命中强有力的飞跃积蓄精力。

【参考文献】

1. [苏联]苏霍姆林斯基. 给教师的建议[M]. 杜殿坤,译. 北京:教育科学出版社,1984.

2. 申长忠. 更新观念 成人为先——重温苏霍姆林斯基教育思想,把握其精神实质[J]. 外国教育研究,2001(4):28-31.

3. 顾明远. 把爱全部献给了孩子——纪念苏霍姆林斯基诞辰一百周年[J]. 比较教育研究,2018(11):3,11.

《教师的挑战》

推荐版本

书名:《教师的挑战》

作者:佐藤学

译者:钟启泉,陈静静

出版社:华东师范大学出版社

出版时间:2012 年

一、作者简介

佐藤学(Manabu Sato),1951 年生,教育学博士(东京大学),东京大学研究生院教育学研究科教授,从事课程论、教学论、教师教育等领域的研究。历任三重大学教育学部副教授、东京大学教育学部副教授、东京大学院教育学研究科教授,现任东京大学院教育学研究科科长、学部长。同时他还是美国国家教育科学院外籍院士、日本学术会议会员、日本教育学会前会长、日本教育哲学学会常务理事、日本教育方法学会常务理事、日本课程学会常务理事、日本教师教育学会常务理事、日本教育史学会理事、文部科学省学术审议会专业委员、东京大学出版会理事。作为"付诸行动的研究者",他遍访日本全国各地学校,深入课堂,与教师一同研究教学,倡导创建"学习共同体"。三十年如一日,每周至少两天深入学校,扎根中小学实地观察,是日本学校教育最有影响力的人物之一。

佐藤学著有《美国课程改造史研究——单元学习的创造》(1990)、《学习,其死亡与再生》(1995)、《教育方法学》(1996)、《课程评论——走向公共性的重建》(1996)、《教师这一难题——走向反思性实践》(1997)、《学习的快乐——走向对话》(1999)、《教育方法》(1999)、《教育时评(1997—1999)》(1999)、《教育改革设计》(1999)、《改变教学,学校改变》(2000)、《"学习"再考》(2001)等。其中,《课程评论——走向公共性的重建》与《教师这一难题——走向反思性实践》的主要内容已结集成中译本《课程与教师》出版(钟启泉译,教育科学出版社,2003),《改变教学,学校改变》的中译本《静悄悄的革命》(李季湄,长春出版社,2003)和《教师的挑战》(钟启泉、陈静静译,华东师范大学出版社,2012)也已出版。

二、内容简介

本书提出学习是同新的世界的"相遇"与"对话",是师生基于对话的"冲刺"与"挑战"。在合作学习的课堂里,每一个儿童与教师一道奏响着同声相应、同气相求的交响曲。教师的责任不是进行"好的教学",而是要实现所有儿童的学习权利,尽可能提高儿童学习的质量。在儿童中培育相互倾听关系的第一个要件就是教师自身悉心倾听每一个儿童的心声。要培育相互倾听的关系,需要教师自身成为倾听者。

本书共包括六章内容。第一章:从相互倾听的关系走向合作学习的关系,第二章:个体与个体的链接,第三章:创造合作探究的教学,第四章:从课堂教学到学校改革,第五章:创造合作学习课堂——国外案例,第六章:学习的触发与援助。

三、内容解读

书中提出了几个重要的关键词,比如说学习共同体、对话、倾听、行动。作者指出,作为教师应该尊重每一个儿童,应该注重以学习为中心的教学创造。

(一)学习共同体

"学习共同体"的学校设计,源自约翰·杜威在 1896 年创立的芝加哥大学附属实验学校。1910 年以后通过新教育运动在世界各国普及。在日本的教育研究与学校改革中,"学习共同体"的概念最早出现在 1992 年的《作为对话性实践的学习:学习共同体的寻求》之中。

"学习共同体"是彰显"21 世纪型学校"愿景的概念。这一概念是为学校再生为如下场所而设计的:学校成为儿童合作学习的场所;教师作为专家相互学习的场所;家长与市民参与学校教育并相互学习的场所。为实现这种愿景采取了一系列的举措:在课堂里实现"合作学习";在教职员室里构筑教师合作,富于创意地一起挑战、评议、学习的"同僚性";家长与市民致力于参与教学实践并协助教师的"学习参与"活动。作为"学习共同体"的学校是受三个哲学原理——公共性、民主主义、卓越性引导的。

(二)对话

作者把与对象世界对话的过程称作"创造世界",这里"对话"的意思不仅仅是相互交流,同时也比喻学习者在对象世界中的实践,学习者与对象世界相互的改变。作者把与他人的对话称作"交到朋友"。可以试想一下,两个人交朋友的过程,其中肯定有彼此倾听后相互交换意见的场合。作者把与自己的对话这一过程称作"重构自我",今天的自己与昨天的自己有何不同,是更丰富了,还是只是原地踏步,没有进步,这都取决于你是否跟自己进行了对话,不仅是对话,更是一种有建设性的交流,通过交流,你脑中原有认知结构是否发生了改变,并且又发生了怎样的改变,人的学习正是通过认知结构的不断地吐和纳来完成的。

既然学习是一种对话,那么对话质量的好坏就直接决定着学习质量的好坏。在以往的课堂对话中,教师与学生之间的对话,与其说是对话,不如说是一种单方面的传授,老师不会把学生的发言有效地编织到课堂教学中。学生与学生之间的对话,也只是意见和意见的展示,在各抒己见当中,没有形成交响,不是相互交织成一场生成新的意义的对话,而是作者所说的"独白式的学习"。

对话式的发言应该是这样的,如"听了某某同学的发言,我想到——","某某同学的发言让我想到——","某某同学的看法我不太同意——",学生之间的发言应该像这样相互交织在一起,相互关联并持续下去。

能够达成这种可以生成学习的对话,这要求对话的双方认真倾听对方的发言。认真倾听同伴的声音,拥有自己的理解,从细小的差异中学习,唯有这样才能在课堂中学生之间构筑合作学习的关系。

(三) 倾听

课堂中相互倾听的关系得以建立,需要教师能够"重新建立课堂,把由以教师提问为中心的课堂变为相互倾听的关系,从而形成对话性的沟通。"也就是说,教师首先需要重新建立与学生之间的倾听关系。不再是以往以传授为主的对话关系。

在以往,"好的教学"被认为是通过串联"好的发言"来顺利地组织教学的,因此儿童的思考被区分为"好的"和"不好的",儿童的发言也被区分为"好的发言"和"不好的发言"。教师能够依据"好的发言"来串联课堂,这节课就被认为是一节"好的课"。但是教师的责任不仅是要进行"好的教学",而是要通过教学,尽可能地实现所有儿童的学习权利,尽可能提高儿童学习的质量。这种"好的教学"是以牺牲一些"不好的"学生的学习权利来进行的。

在漫长的课堂生涯中,他们的角色是陪听、陪学,看不到他们挑战学习的情景,也看不到他们无可比拟的、个性化的经验和创造,而让这种个性化的学习和成长过程得以发生,是我们发现和给予每位儿童尊严的过程。不能给予学生学习的权利,就是对他们尊严的一种罔顾。认真倾听他们的发言,就是赋予他们尊严的过程,也是缔结信任的过程。

好的倾听也是一种爱和关注的体现。在《少有人走的路》中,作者在谈及倾听对于孩子的重要性时是这样说的:"愿意倾听,证明你能够给孩子足够的尊重,就像尊重一流的演说家那样,孩子感受到你的尊重和爱,就会感受到自己的价值。充分地尊重孩子,让能让他们懂得自尊自爱。其次,孩子感受到的尊重越多,他们有价值的表达也就越多。第三，对孩子倾听得越多，就越是能够意识到，在无数的停顿、重复、结巴乃至唠叨当中，孩子确能说出有价值的东西。真正倾听孩子讲话的人都会承认：从孩子的嘴里，往往能说出最伟大的智慧。你会意识到，孩子极可能是个独特而出色的人。意识到孩子的独特之处，就会更加愿意倾听他们的话语，对他们的了解也就越多。第四，对孩子了解得越多，就越是愿意教给他们更多的东西。你对孩子的了解少得可怜，那么你教给他们的东西，不是他们没兴趣的，就是他们早已知道的，甚至比你的理解还要深入。最后一点，孩子感受到你的尊重，他们就会觉得，你把他们看成是出色的人。这样一来，他们也就更加愿意听你的话，并给予你同样的尊重。"

因此，在构筑相互倾听的关系之前，老师要让学生积极发言，但这不是说，被学生的各式各样的发言牵着走。在课堂上，学生的发言离题也好，停滞也好，不要去扩散学生的思维，更不要忽略中心课题的探究，这就需要教师对教材有一个很好的把握。

（四）行动

教师在树立了这样的信念之后，具体到行动上该怎样去倾听呢？作者给出了这样的建议：首先，不折不扣地接纳他们。对他们诚实，并且全盘接纳他们。其次，在身体语言上，教师要走近需要帮助的学生，并且做出弯腰的姿势，视线能够与他们齐平，对于胆小内向、拘谨的孩子更要这样。最后，在选择请谁发言这一点上，教师可以不受学生举手的限制。这需要教师能够捕捉到孩子们"有话想说"的细微动作和表情，然后给他们这样一个机会，感受到老师的尊重和同伴的尊重，相信他敢讲、想讲。

唯有教师做好这样的榜样，并且去引导学生认真倾听，学生和老师之间，学生和学生之间才能建立起倾听的关系，进而建立起对话式的关系，从而向合作学习迈出第一步。

学生愿意去倾听，认真去倾听，这是对话式学习的第一步。由相互倾听的关系发展到交响的关系，这时才是对话式的学习。对于学生的语言也要进行引导，从而使学生的发言之间编织的意义网是连贯的。教师要引导学生根据教科书来发言，也就是要引导学生去与教材进行对话。引导学生成为学习的主人公，让他们自己去学习，教师就要引导学生把同伴的发言记在心上，并且在联系当中理解同学的发言，进而形成自己的理解和发言。在这个过程当中，学生进行了与他者的对话实践、与自己的对话实践，从而学习得以成立。

学生之间的对话，教师要发挥积极的作用。要去引导、促进这种对话式学习的成立，教师的语言也要得当。只有个体发言，而个体之间没有形成新的意义链和关系链，对话式的合作学习还不能够算展开。教师要运用"串联"与"反刍"的手段，即：把学生的发言同教材、他人、自己联系起来，把今天所学的知识与昨日所学的知识串联起来。唯有这样，才能让学生在对话中进行学习，提升学生学习的广度和深度。

学校工作中有很多难题，大多是因为教师与教师之间、教师与学生之间、学生与学生之间信任的缺失而导致的。建立合作学习、对话式学习是建立信任的第一步，毕竟教育的目的不是教师如何教好学生上好课，而是通过教育、教学去实现每一个孩子学习的权利、发展的机会。只有对每一位孩子的尊严有着深切的体会，对每一位孩子学习的可能性有着充满希望的信任,才能构建这种对话式学习,并且建立师生之间、学生之间的信任。为学生长远的学习着想,为孩子终生学习打下基础,不仅仅只考虑到当下教学的顺利进行,也不因一点挫折就放弃学生,学生才能真正从每一节课中真正受益,真正有所进步,获得学习的动力和能力。

四、总体评价

21 世纪教师所面临的主要挑战就是为所有儿童提供高质量的学习机会。教师的责任不是进行"好的教学",而是要实现所有儿童的学习权利,尽可能提高儿童学习的质量。在书中,一个个平凡的教师正在用自己的行动宣告:课堂上正在发生着宁静的革命,那就是建立以倾听和对话为基础的学习共同体。这是学校整体变革的基点,是保障每一个儿童学习权的挑战。

书中提出在儿童掌握学习技能之前,形成自然的学习氛围乃是一个先决条件。构筑"相互倾听"的关系是至关重要的,为此,在教学中留意如下几点:一是,重视那些"奇趣"的发言,而不是"好"的发言。二是,教师要一边琢磨教学展开对儿童而言是否自然天成,一边推进教学的进程。三是,当教师倾听儿童发言的时间应当着眼于:这个发言同该儿童的内在品性有什么关联,这个发言是由谁的哪一句发言触发的,这个发言同已知的学习内容有什么关联。四是,在儿童们凭借自身的力量把这样那样的发言连贯起来理解之前,教师需要发挥穿针引线的作用。

本书为我们打开了一扇通向未来教育的门,在那里可以找到与我们共同成长的朋友,虽然我们生活在不同的空间,但我们对学生的爱与执着是共通的。这是一场静悄悄的革命,这是一个永恒的话题,这是对于每一位教师的挑战,这是一本值得细细品味的书。

五、原文选读

实现教学创造的前提,倘若要举述一点要求的话,那就是对儿童的诚实。离开了教师的坦诚,儿童就很难学会学习中的诚实性。

为了构筑合作学习的关系,就得培育相互倾听的关系。

在儿童中培育相互倾听关系的第一要件就是教师自身悉心倾听每一个儿童的心声。要培育相互倾听的关系,除了教师自身成为倾听者之外,别无他法。

建立合作学习关系的教师具有共同的特征,即教师的活动追求的核心是"倾听"。

"倾听"这一行为最初虽然是被动的活动,但是对于创造性的教师来说,却能够在儿童之间建立最为能动的关系。

追求"好的教学"的教师往往通过串联"好的发言"来组织教学,其结果是将儿童的思考区分为"好的"和"不好的"。

教师的责任不是进行"好的教学",而是要实现所有儿童的学习权利,尽可能提高儿童学习的质量。

只有认为每个学生的思考或挫折都是了不起的,并且认真倾听每个儿童的低语或沉默,才能获得教学的立足点。所以,创造性的教师总是能够接受儿童的多样性和教材的发展性。

学校中存在各种各样的难题,这些难题都是因为儿童之间、儿童与教师之间、教师与教师之间、教师与家长之间缺乏信任造成的。

"信任"可以说是一切学校改革的核心概念。儿童之间是否相互信任、儿童与教师之间是否相互信任、教师与家长之间是否相互信任。

不仅仅要具体认识每位儿童的"表达语言",而且教师之间、家长之间同样要相互仔细观察,在共享活动的同时建立愉快的关系,这是所有改革的前提,也是乔治的改革哲学。

学校也是教师们互相学习和成长的场所。学校的改革需要所有的教师公开自己的教学,并在校内建立起专家式的、共同成长的同僚性。

学校改革的过程可以用内与外的辩证法来认识。学校改革只能从内部发生,学校改革倘若没有外部的支援就不可能持续。

【参考文献】

1. [日]佐藤学. 教师的挑战[M]. 钟启泉,陈静静,译. 上海:华东师范大学出版社,2012.

2. 陈得军. 一位教育"行动研究者"的成长与使命——佐藤学教授访谈录[J]. 全球教育展望,2017(5):3-13.

3. 朱旭东,胡艳,袁丽. 我的教育研究生涯——佐藤学教授访谈录[J]. 比较教育研究,2014(10):1-6.

主题三　儿童教育

家庭财富应该给儿童幸福，而不是给儿童一个奢侈的环境。　对儿童来说，最好的环境应该是一个听不到街道嘈杂声的、平静和安宁的、光亮和温度能够调节的房间，就如在一些歌剧院里所获得的条件一样。

——蒙台梭利《童年的秘密》

《家庭教育与父母教育》

推荐版本

书名:《家庭教育与父母教育》

作者:陈鹤琴

出版社:上海人民出版社

出版时间:2016 年

一、作者简介

陈鹤琴(1892—1982 年),浙江省上虞县人,中国著名儿童教育家、儿童心理学家、教授,中国现代幼儿教育的奠基人。早年毕业于国立清华大学,留学美国五年,1919 年获得哥伦比亚大学硕士学位。五四运动期间回国后,最初担任南京高等师范学校教授,讲授儿童心理学课程。东南大学成立后,任教授和教务主任。后担任中央大学师范学院院长和南京师范学院校长。

陈鹤琴提出了"活教育"理论,重视科学实验,主张中国儿童教育的发展要适合国情,符合儿童身心发展规律;呼吁建立儿童教育师资培训体系。编写幼稚园、小学课本及儿童课外读物数十种,设计与推广玩具、教具和幼稚团设备。一生主要从事一系列开创性的幼儿教育研究与实践,著有《家庭教育与父母教育》《儿童心理之研究》等。

二、内容简介

《家庭教育与父母教育》一书用语通俗易懂,所举事例丰富、真实,所提教育原则可操作性强,称得上是一本家庭教育与父母教育的实用手册。陶行知评价此书时说:

"在这书里面孩子从醒到睡,从笑到哭,从吃到撒,从健康到生病,从待人到接物的种种问题,都得到了充分的讨论。"

本书分为上下篇。上篇为家庭教育,下篇为父母教育。书中提出了家庭教育原则 101 条,讲述了儿童心理及普通教导法,解释了各项建议的含义。

上篇的正文共 12 章。第一章论述"儿童的心理",强调家庭教育需遵循儿童身心发展规律。第二章讲述"学习之性质与原则"。第三章讨论"普通教导法",涉及 11 条原则。第四、五章讨论"卫生上的习惯",涉及 37 条原则。第六章讨论"游戏与玩物",涉及 10 条原则。第七章讨论"游戏就是工作,工作就是游戏",涉及 10 条原则。第八章讨论"小孩子为什么怕的,为什么哭的",涉及 8 条原则。第九章讨论"做父母的要以身作则",涉及 8 条原则。第十章讨论"小孩子怎样学待人接物的",涉及 10 条原则。第十一章讨论"我们应当怎样责罚小孩子的",涉及 13 条原则。第十二章讨论"怎样可以使小孩子的经验格外充分些",涉及 5 条原则。本书下篇的正文讨论了九个主题。主要涉及家长应该为儿童创设良好的环境,家长应该怎样教小孩,应该怎样做父母。

三、内容解读

这里选取第三章普通教导法中的原则四、原则五、原则六、原则七、原则八、原则九来进行解读。

(一)原则四:做父母的不可常常用命令式的语气去指挥他们的小孩子

书中列举和分析了椿寿和荣生两个孩子的案例。椿寿一日正在吃早饭时,听见外面有锣鼓声,就放下饭碗往外跑出去了。他母亲看见他出去的时候,就喊着说:"椿寿!你跑到哪里去?快点回来!"说完,看见他跑得愈远了,就自言自语地说:"这个小孩子,野心这样重,饭都不要吃了。"歇了一歇,椿寿回来了,他母亲也不说什么。不过叫他赶快把饭吃好。吃好了早饭,天下雨了,椿寿拿了书包正要上学去,他母亲看看天已下雨,就喊叫他说:"椿寿!你回来,穿了雨鞋去!"椿寿恐怕时候太迟,不愿意穿,就头也不回,一直上学校里去了。他母亲看他不回头,也随他去了。到了日中,椿寿回家了。看见他母亲叫了一声"妈妈"。他母亲笑嘻嘻地回答说:"你回来了。"稍息,午饭烧好了,他母亲指挥他说:"椿寿!你把凳子摆摆好,我们要吃饭了!"椿寿响也不响,尽管独自在书房间游玩。后来他母亲搬了饭菜出来,只得自己摆好凳子。午饭吃过之后,他母亲叫他去睡中觉,他也不去睡,独自在草地玩耍,他母亲也就随他去了。

不管是成人,还是孩子,其实都一样,都不喜欢他人用命令的语气和自己说话,可在现实生活中,家长的权威让我们经常会使用命令的语气去要求孩子做事,我们总觉得孩子就是孩子,他们应该听从父母的指令,可实际上,孩子也是一个独立的个体,他们有自己的思想,有自己的意愿,有自己的自尊。命令式的语气会让孩子感觉父母是在控制他们的生活,这不是他们想要的,他们希望能够主宰自己的生活,即便父母是对的,他们也更愿意父母是用亲切的口吻,而不是命令的语气。

陈鹤琴先生说:"命令式的语气不是这样的,一令既出,必定要他去做,如果他不去做,那他下次更加可以不听你的话了。"因此如果你一定要用命令式的语气去让小孩做一些事情,一定要让他去做,用温和的语气去解释原因,让他明白这样做的原因。

荣生某日在学校里玩皮球,下午回家时,已经觉得很疲倦。他父亲看见他回来了,叫他到街上去买东西说:"荣生!你去买点信纸信封来!"荣生的身体已经疲倦不堪实在不愿意去买,但父命不敢违逆,只得去买,他一路走一路嘴里吱咕吱咕地说不高兴的话。

当幼儿不愿意去做大人要求做的事情或者大人觉得小孩"不听话"的时候,就如荣生去买信纸封。有时候并不是小孩的不对,而是家长在遇到这样子的情况时应观察幼儿的情况,了解原因。观察幼儿当时的情绪状况。人的情绪,直接影响到孩子的行动。当孩子情绪不佳的时候,家长要求孩子去做一件事,除非是家长妥协性的要求,一般情况下孩子都会采取一种对立的态度。

其实,在生活中成人也是如此,只是我们有较强的自我控制能力,会逼迫自己做一些不情愿的事,而孩子则不会拐弯抹角,会直接进行对抗。有可能孩子已经疲倦了。当人疲倦的时候,会变得非常"懒惰",就是原来喜欢做的事情,此时也无心情。所以,比较聪明的家长,一定在要求孩子做事情之前,先观察孩子。如果不是这样,就算孩子不敢违逆你的要求,并按照要求去做,但内心一定是反抗和不情愿的,从而会产生做"这件事"是很痛苦的感觉,影响到下次同类情况。因此在我们需要幼儿帮助的时候,要学会观察幼儿,了解原因,而不是无故地怪幼儿不听话,而产生消极情绪,影响家庭和谐。

(二)原则五:做父母的不应当对小孩子多说"不!不!"事属可行,就叫他行;事不可行,禁止他行

书中列举和分析了青儿和一鸣两个孩子的案例。青儿有一天早晨起来,推窗一望,看见香粉一般的雪,下得漫天遍地。白茫茫的马路上,全没有车马的踪迹,只有两个小朋友在那里做雪人。小朋友一面尽管弄,雪一面尽管下。后来雪人的面上肿起来了,他们两个小朋友的黑衣都变成白衣了。但是他们还是弄个不歇。雪愈下愈大,上下左右都是香粉一般似的白雪,在这中间,仿佛白浪中浮着两个蝴蝶。青儿见了这种景象,也要到雪地里去玩,但是他的母亲不答应他,嘴里连说:"不!不!不!"后来在山脚下,他又看见一只雪麂,荷枪实弹的赶麂人都围在那里。一时枪炮声、狗咬声、麂叫声、猎人的喧笑声,同时并作。他闻声脚痒,又向他母亲说"要出去"。他母亲骂他说:"大清早起,不洗面,不吃饭,跑到雪地去做什么事?"他哪里肯依,带哭带吵的,再三央求,他母亲没有法子,也只得让他去了。

一鸣有一天早晨,在雪地里弄雪,陈鹤琴先生站在旁边看,一点没有去禁止他。后来他在吃饭以前要吃糖,家人说"不可以",一鸣因此就"ng、ng"地吵起来,没有人去管他,一鸣就径自走到别处去了。

陈鹤琴先生提出:"事属可行,就叫他行;事不可行,禁止他行。"从孩子的天性上看,孩子是活泼好动的,且乐意帮助他人的。在其道德发展上,也有做好孩子的倾向,也愿意做一些让家长喜欢和高兴的事情。可是,有时候当家长要求孩子去做某件事情的时候,孩子会出现不服从的情况,于是,家长就感觉孩子难于管教。

其实,出现这样的情况,也是家长对孩子的不了解和方式的不恰当。幼儿是需要被保护的主体,因此在他有自主行为能力前,需要成人的教育与保育。但幼儿也是一个独立的个体,有其独特性。我们所要做的便是创设一个安全健康的环境,支持幼儿进行自主探索与发现,让幼儿敢于尝试,能够以一个愉快的、积极的情绪投入探索,认识世界。

（三）原则六:别人做好的事情或坏的事情的时候,做父母的应当以辞色来表示赞许和不赞许的意思给小孩子听,给小孩子看

书中列举和分析了小香和芝英两个孩子的案例。小香5岁大的时候,是最不喜欢刷牙齿的,而且在未刷牙齿以前,常常要吃饼干、糖果等东西。她父亲当她在面前的时候,对她母亲说:"静波每天早晨起来是一定要刷牙齿的,未刷牙齿以前,别人即使拿食物给她吃,她总不肯吃的。"他说的时候,脸色上表现出很钦佩静波的样子,嘴里还不住地称赞她。小香在旁边听见她父亲称赞静波的话,心里也觉得很羡慕静波,所以到了第二天早晨起来,母亲叫她刷牙齿,她也要刷了,在未刷以前,不要吃东西了。小香的父亲因为小香不注重清洁,心里觉得很不高兴。他看见小香的朋友正在玩耍的时候,嘴里要吐痰了。这个小孩子不随便吐在地上,他东看看,西望望去寻个痰盂。小香的父亲看见这个小孩子这样情形,就极力称赞他,说他怎样注重清洁,不随便吐痰。小香看见她朋友的举动,听见她父亲的称赞,心里也觉得很敬重他。后来小香也不随便吐痰了。

芝英同他母亲在路上散步的时候,看见一个肮脏的小孩子,他母亲等到那个小孩子走过了就对他说:你见那个小孩子多脏呢！挂了鼻涕,不晓得擦擦。芝英听了就觉得肮脏是不好的。

小孩子生来是无知无识的。善恶是非的种种观念要慢慢在后天形成。他怎样会辨别善恶是非呢？方法很多,平日做父母的对于善恶是非显出一种态度,而小孩子听了看了无形中受着影响是一个方法。所以做父母的看见别人做好的事情或坏的事情的时候,应当以辞色来表示他们的赞许与不赞许的意思,给他们的小孩子听听看看。

（四）原则七:我们应当按照小孩子的年龄知识而予以适当的做事动机

书中列举和分析了一鸣和知行两个小孩的案例。一鸣小的时候(约1岁半到两岁半),凡他看见了肮脏的东西在地上,陈鹤琴先生总对他说"脏得很",有时他自己把脏物拾掉,有时叫一鸣拾掉。到了后来(从两岁半到4岁),凡一鸣看见地板上的脏物如纸片、细棒等,陈鹤琴先生总叫他拾掉并说:"客人看见不好看。"或一鸣有时候游戏之后把房间的椅凳弄得东倒西歪,把玩物满地乱掷,陈鹤琴先生就对他说:"客人来了,不好看;若客人问起谁把东西弄得这样难看,说一鸣弄的,一鸣要倒霉得很。"一鸣听了之后就去把椅凳摆好,玩物藏好;有时一鸣玩得已经太疲倦了,陈鹤琴先生就帮助一鸣把房间整理好。

知行年纪小的时候,他母亲常常对他说:"你不要把地板弄得这样脏,爸爸不喜欢的,爸爸要骂的。"知行到了六七岁大的时候,他的母亲还是说"爸爸不喜欢的,爸爸要骂的"这类话,使得知行心目中存了一种逢迎之心、一种惧怕之念。

总体来说,小孩子年纪小的时候,我们可以用个人的感情去刺激他做事的动机;年纪大的时候,我们须教他明了做事是要顾到公共祸福的,这样人才有服务的旨趣、牺牲的精神和救世济民的志愿。在家庭教育中,家长一定要全面了解孩子身心发展水平和所学知识的实际水平。在此基础上选择合适的教育内容和有效的教育方法,才能达到理想的效果。

(五)原则八:待小孩子不要姑息,也不要严厉

书中列举和分析了心声和知非两个小孩的案例。心声是一个头生子,他的父母异常地疼爱他。他要这样就这样,他要那样就那样,他要打人,别人只好给他打,他要骂人,别人只好给他骂。一日,他看见邻儿有一个小洋号就去抢了来。邻儿哭了跑来告诉他母亲,而他的母亲并不说他不好,反埋怨邻儿说:"借我们玩玩有什么要紧,你的气量为何这样小呢?"骂得那个邻儿莫名其妙。又有一日,在深夜的时候,他醒来要月饼吃,但家里没有月饼,他就乱吵乱闹,弄得一家不能安睡。从此日积月累,心声就变成了一个很倔强、很刚愎的小孩子。

小孩子哪里可以随便抢夺别人的东西呢,而心声的母亲不责罚心声反骂别人,这无非长心声之傲慢而已。在深夜的时候,小孩子不应吃东西的,而心声的母亲不去责罚他,反而任其吵闹使人不得安眠,这也无非长其恶性而已。这种"姑息养奸"的教育在家庭里是常见的,会使孩子养成利己害人的坏思想。

知非家里的规矩是很严的,差不多事事要秉承他父母的意旨。他要去玩玩水,他母亲说:"衣服要弄湿的。"他要出去同邻家小朋友玩玩,他母亲说:"你要同他们造孽的。"吃饭的时候,他要讲讲话,发表发表意思,他父亲就禁止他,说:"小孩子吃饭,不准饶舌。"他要在家游戏游戏,他父亲说:"不要顽皮。"他的父母待他好像待成人一样,所以他慢慢儿以他父母的意志为意志,以他父母的性情为性情,这样一个活泼的小孩子竟变成一个萎靡不振的小成人。

旧式家庭往往把小孩子当作"小成人"看待。既叫一个活泼好动的小孩子穿起长衫马褂来限制他的动作,又叫小孩子一举一动要模仿成人的样子。总括起来,心声的父母待心声太姑息,知非的父母待知非太严厉,两者都失其平,不得谓之良教育。我们教小孩子当折其衷:一方面予以充分机会以发展自动的能力和健全的意志,另一方面限以自由范围使他不得随意乱动,以免侵犯他人的权利。教育若能如此折中,小孩子未有不受其惠的。

(六)原则九:不要骤然命令小孩子停止游戏或停止工作

书中列举和分析了知新和荣生两个孩子的案例。知新的母亲很明白知新的心理,也很能体贴知新的意思,而知新也很愿意听她的话。一日早晨,知新同他4岁大的妹妹玩弄积木,搭桥砌屋,玩得很高兴,他母亲走来看见他同他妹妹玩得这样有趣,就笑嘻嘻地称赞了他们几句,并且对他们说:"我们要吃点心了,我再给你们5分钟工夫,你们快点玩,玩好就把积木放在原处。"说毕走开去了。而知新与他的妹妹赶快把桥搭好,一搭好,就把积木安置原处,一安置好就一齐跑进饭堂里去吃点心了。

荣升正在园内玩沙玩得很起劲的时候,他的母亲从窗门里喊叫他说:"荣升,饭好了,快来!"荣升哪里肯歇手,尽管玩沙,一声也未回答。他母亲见他不回来也不回答,就愤愤似的跑了出去叫他立刻停止玩弄,他依然不听。他母亲看他不听就拖了他的手臂走,而他也就大哭起来了。

不但小孩子不肯立刻停止玩耍,就是我们成人也不肯骤然舍弃有趣的游戏或将成的事情。比方我们正在那里打网球打得很高兴的时候,忽而来了一个人怒气冲冲地叫我们立刻回去吃饭,我们不但不肯听他的话,恐怕还要埋怨他几句。我们既然不愿意别人这样待我们,我们也应该不要这样待别人。

所谓"己所不欲,勿施于人",我们成人尚且不肯骤然停止游戏,何况小孩子呢?荣升的母亲不明了这种心理,使得荣升哭泣而起反抗;知新的母亲明白这种心理,使知新乐于服从。不但如此,恐怕荣升还要养成做事中止的坏习惯。要知小孩子不仅喜欢做事的途径,也喜欢做事的结果。我们现在骤然叫他半途中止,岂不是剥夺他做事成功的快乐,岂不是使他养成一种有始无终的坏习惯吗? 荣升的母亲不知这种错误而反加荣升以倔强之罪,这岂不是可笑又可怜吗?

教育孩子,首先要尊重孩子。孩子不是父母的私有财产,子女不是必须一切听从大人的安排。有些父母把孩子置于完全依附家长自己的位置上,没有把他们当成一个独立的个体来对待。一旦孩子的行为与他们的意志相左,或达不到他们的期望与要求,斥骂、棍棒随之而下。

四、总体评价

"教从家始",家庭作为人才成长的源头,其教育水平直接影响到孩子整体素质的发展,一代人的家庭教育则影响到一个民族的兴衰。高素质的人才有赖于全面发展的儿童的造就,如何通过成功的家庭教育促进我国当前全面实施的素质教育取得成效,使社会主义核心价值观得以牢固树立,陈鹤琴的家庭教育思想对家庭教育的研究和实践有着巨大的指导作用。

家庭教育是一门学问。《家庭教育与父母教育》这本书中,陈鹤琴提供了诸多养育孩子的方法。书中主要运用一鸣案例进行教育分析,对于怎样教育小孩讲述得详细入微,淋漓尽致。小到吃喝拉撒,大到待人处事,都清楚地指导家长应该怎样去做。书中描述了各种育儿心得和为人父母的苦与乐。"怎样为人父母,如何教育孩子"是一门需要用热心、耐心、真心研究的学问。陈鹤琴在书中指出:"做父母是一桩不容易的事情,一般人太把这桩事情忽略了,太把这桩事情看得容易了。"

很多父母可以把蜂养得很好,有养蜂的学识技能。也可以把蚕养得很好,有过硬的养蚕技能。甚至养牛、养马、养羊、养鱼、养鸟都可以总结出一大堆的技能技巧,而唯独养育自己的儿女反而不如养鸡、养猫、养狗来的用心,看得重要。这种情形在我国现阶段,仍然司空见惯,非常普遍。所以对于父母来说,《家庭教育与父母教育》这本书更加值得学习,值得深思并用于实践当中去。

五、原文选读

原则一:对于教育小孩子,做父母的最好用积极的暗示,不要用消极的命令。

一天,我看见一鸣拿了一块破烂的棉絮裹着身体当毡毯玩。那时候,在我脑筋里就起了许多感想:我是立刻把他的破棉絮夺去呢,是让他玩弄得着一种经验;是叫他把棉絮丢掉,还是用别的东西去替代。仔细一想,用积极的暗示去指导他好。我就对他说:"这是很脏的有气味的,我想你一定不要的,你要一块干净的,你跑到房里去问妈妈拿一块干净的。"他听了,就跑到房里去换了一块清洁的毯子。

无论什么人,受激励而改过,是很容易的;受责骂而改过,是不大容易的,而小孩子尤其喜欢听好话,而不喜欢听恶言。

原则二:积极的鼓励比消极的刺激好得多。

志贞的母亲很钟爱志贞,但她要志贞事事做得好。稍微做错了一点,或做得不妥,她就要从严指责说:"这里做得不好,那里做得错了,某人同你一样大,但是比你做得好,你想倒霉不倒霉。"她的意思是以为这种教训必能启发志贞的天资,激起志贞做事的兴趣。哪里知道志贞不但没有依从母命而改进,反而发生意懒心灰不肯勤学的态度。他母亲见他如此不肯学习,就愈加用种种消极的方法去刺激他,而他也愈加不肯学习了。

小孩子喜欢奖励的,不喜欢抑阻的。愈奖励他,他愈喜欢学习;愈抑阻他,他愈不喜欢学习。

愈喜欢学习,经验愈丰富,学习的能力发展得愈大;学习的能力发展愈大,所学习的事就愈容易学会。

学会的事情愈多,做事的自信心就愈强。若小孩子愈不喜欢学习,就愈不去学习;若愈不去学习,做事的能力就愈加薄弱。

总起来说,积极的鼓励比消极的刺激来得好,但是鼓励法也不可用得太滥,一滥恐失其效用。

原则三:小孩子既好模仿,做父母的一方面要以身作则,一方面还要替他选择环境以支配他的模仿。

一鸣到了第 10 个月的时候,一听见人唱歌,也就作唱歌的声调。到了第 54 个星期的时候,看见他堂兄读书,他也要读书,看见他堂兄写字,他一定也要写字;你不给他读不给他写,他就要哭。他到了第 75 个星期的时候,看见我拿了一根棒头,跨着作骑马的样子给他看。过了几天,他拿了一根棒头在路上玩,玩了一息,就把棒头放在地上,两脚跨着当马骑。模仿吐痰。有一日,我不当心,从露台上吐下了一口痰,他(那时有 77 个星期大了)看见了,也就作吐痰的样子。

小孩子好模仿。做父母的一面事事要以身作则,一面处处要留心小孩子所处的环境,使他所听的所看的都是好事物。这样,他自然而然也受了好的影响。

原则十:做父亲的应当同小孩子做伴侣。

　　我们中国贵族式的旧家庭里面的父亲,大概是不同小孩子做伴侣的。不要说别人,就是我的父亲对待我也非常严厉,从没有和我做伴侣。我在 6 岁以前未曾和他一同吃过饭,我独自吃饭或同别人一同吃的时候,倘使高兴起来说说笑笑顽皮顽皮,那么别人就立刻说:"我要喊了!"或吓我说:"你爸爸来了。"我听到他们这种声音,正如同听见轰雷一般吓得魂飞九天之外。现在我父亲早早死了(当我 6 岁的时候),不过那种可怕的景象,还时时印在我脑筋里,永远不能忘却。现在我对待我的小孩子一鸣是这样的:有时候同他到旷野里去散散步,有时候同他到街上去买东西,有时候同家人和他举行野外聚餐。总说一句,我有空闲的时候,总同他做伴的。我觉得我们天伦的乐趣,父子间的感情,也来得格外浓厚。

　　父子做伴侣的好处有:没有隔膜,父子间就发生浓厚的爱情;容易训育小孩子;小孩子容易教育。

　　原则十一:游戏式的教育法。

　　今天(1924 年 4 月 18 日)下午我手里拿着一只照相机,叫我的妻子把我们的女儿秀霞放在摇椅里。预备要替她拍照的时候,一鸣就捷足先登,爬到椅子里去,也要我替他拍照,我再三劝告他,他总是不肯出来。后来,我笑嘻嘻地对他说:"一鸣! 你听着! 我叫一,二,三;我叫到'三'的时候,你就爬出来,爬得愈快愈好。"他看见我同他玩,也很高兴地答应我。歇了一歇,我就"一,二,三"地叫起来,说到"二"的时候,他一只脚踏在椅子的坐板上,两只手挨在椅子的边上,目光闪闪地朝我看着,等到我说到"三"的时候,他就一跃而出,以显出他敏捷的样子。又有一天,夜已深了,大家都要去睡了,而他竟偏偏不肯睡。他母亲就以游戏式的方法去引诱他,一面背着他,一面嘴里"嗨唷,嗨唷"地叫着。他听到他母亲这样叫起来,就很高兴地任他母亲背到房里去睡觉了。

　　小孩子很喜欢游戏的。做父母的能够利用他这种心理,以游戏式的方法去教训他,他没有不喜欢听你的话的。

【参考文献】

1. 陈鹤琴.家庭教育与父母教育[M].上海:上海人民出版社,2016.

2. 王振宇,秦光兰,林炎琴.为幼儿教育发现中国儿童,为儿童创办中国幼儿教育——纪念陈鹤琴先生诞辰 125 周年[J].学前教育研究,2018(1):3 - 12.

3. 黄书光.回归命脉:重审陈鹤琴的"活教育"目的论[J].教育发展研究,2012(12):16 - 20.

《幼稚园教材研究　幼稚教育新论》

推荐版本

书 名:《幼稚园教材研究　幼稚教育新论》

作 者:张雪门

出版社:商务印书馆

出版时间:2014 年

一、作者简介

张雪门(1891—1973 年),浙江鄞县人,我国著名的学前教育专家。早在 20 世纪 30 年代,他就与我国的另一位著名学前教育专家陈鹤琴先生有"南陈北张"之称。张雪门幼年研读四书五经,后毕业于浙江省立第四中学(现宁波一中),1912 年就任鄞县私立星荫小学校长。他在青年时期就对幼儿教育产生兴趣,通过到沪宁一带参观,目睹当时一些日本式的蒙养园或教会办的幼稚园对幼儿的不良影响,深感痛心,遂立志投身幼教。

1918 年,他与几位志趣相投者创立了当地第一所中国人自办的幼稚园——星荫幼稚园,并任园长。1920 年 4 月,又与人合办两年制的幼稚师范。同年,应邀到北平任孔德学校小学部主任,并考察平津幼稚教育。1924 年去北平大学任职员,同时在教育系学习。在学习期间,他得到教育系主任、中共党员高仁山先生的悉心指导,计划用一年时间研究福禄贝尔,一年时间研究蒙台梭利,再用一年时间研究世界各国的幼稚教育,然后以毕生精力研究我国的幼稚教育。

译著有《福禄贝尔母亲游戏辑要》《蒙台梭利及其教育》等，著作有《幼稚园行政》《儿童保育》《幼稚教育》《幼稚园课程活动中心》《幼稚园行为课程》等。

二、内容简介

本书是《幼稚园教材研究》与《幼稚教育新论》的合刊，也是张雪门的代表作。《幼稚园教材研究》出版于1934年。书中提到，教材是课程的支柱，是课程目标的具体实现手段。教材的功能在于满足儿童的需要，应从儿童的直接经验中选择有价值的部分，加以合理的组织。《幼稚教育新论》出版于1936年。书中系统梳理了中国幼儿教育的历史及背景，以及当时的派别，提出了今后幼稚园教育发展的思路、课程和方法。在这两本书中，他鲜明批判了旧式教育，提出儿童本位与改造中华民族的"中国的幼儿教育"的目标与立场，主张"儿童的经验是教师编制课程的标准"。

《幼稚园教材研究》包括八章内容，分别是：教材的意义和目的、教材选择的标准、教材的种类和来源、手工和美术、言语和文字、文学、游戏和音乐、算术。《幼稚教育新论》包括六章内容，分别是：我国现时幼稚教育的派别、我国幼稚教育的历史及其背景、我国幼稚教育应有的认识、今后之幼稚园课程、今后幼稚园各项活动的材料与方法、今后的教师。

三、内容解读

（一）《幼稚园教材研究》

1. 教材的意义和目的

张雪门指出，"儿童到幼稚园要学些什么？幼稚园教师须教些什么？教和学又怎样地联络起来？这三个问题就是幼稚园教材研究的中心。本来，教师和学生恰如一件东西的两端；从这一端到那一端，又从那一端到这一端，中间的凭藉物必须能把这两端彼此紧紧地衔接，才能够发生相互的关系。这一种凭藉物，在教学上的名称，就是'教材'。教材不论是现成的，不论是创造的，其唯一的目的，实为充实儿童的生活，决非灌注儿童的熟料。"充实儿童的生活主要指两种，一种是社会的生活，另一种是个体的生活。

2. 教材选择的标准

教材的目的本为充实儿童的生活，而生活的本身包含了社会的生活和个体的生活。幼稚园选择教材的时候，不论是一首歌曲、一种游戏，要想满足社会的需要，适合儿童身心的要求，而使之有确当的意识和动作，要有几种标准：第一，须顾到我国现时劳动意义的重要；第二，须注意儿童团体生活的重要；第三，须比后期的儿童多注意于其生理的发展；第四，须根据儿童直接的经验；第五，各科的界限须混合不分。

3. 教材的种类和来源

幼稚园教材是一般在幼稚园的时候儿童生活的经验。他们的经验一般是从本身个体发展上而得，和自然环境相接触而得，更有从社会环境交际而得的。儿童具有内部的结构，外受环境的刺激，自然有种种反应的动作。教师不过利用这些动作，使其经验格外扩充、发展,而成为更有意义罢了。这些动作在幼稚园课程上的名称,就是手工、美术、言语、文字、文学、音乐、游戏和算术。

4. 手工和美术

手工是作业的一种,是有固定的目的,使用各种的工具材料,经过相当的程序或手续,产生一定结果的一种工作。在工作进行的程序中,若作者的精神能够完全贯注到工作上,和作品相融合,是工作最高的理想程度,其产品一定含有美术的意味。幼稚园的手工,如果在儿童自己的环境里找材料,大致不外乎模拟家庭的工作。这些工作有烹饪,有缝纫,有送礼,也有养蚕。

5. 言语和文字

儿童有了经验,要把自己的经验发表出来,同时也要领略别人的经验,就不得不有言语的需求。当自己的经验和别人的经验不一致的时候,更不得不用言语做交换的工具。言语的作用,不外乎是。所以言语的学习也只有在这样的一些机会里才能进展。等言语发达以后,儿童搜求别人经验的范围更大,不仅仅受拘于直接的言语,那代表言语的文字,也变成儿童需要的中心了。年幼的儿童,绘画是他发表思想的一种凭藉物,和言语有密切关系。

6. 文学

文学是人类丰富的想象和真实的情绪的结晶,无论韵文和散文(在幼稚园的时期里只有故事是散文的代表),只要合于儿童的经验,无一不为他们所爱好。幼稚园散文的材料,在开始的时候,大半可采用《母鹅歌》及其他类似的短诗;到了后期,才可以参选民间的歌谣和内容简单的故事诗。故事中最合于初期儿童用的是动物故事。

7. 游戏和音乐

游戏和手工都是作业,但游戏仅受"目的的意识"的控制。儿童进幼稚园的时候,已由个人的游戏渐趋于交际的游戏,感官游戏也由简单而递进于复杂;模仿成人的行为,是这一时期游戏的特色。至于对音乐的反应,不仅能适合催眠歌的节拍和音调,就是没有人教他,当其做事情或游戏玩得最有兴趣的时候,不知不觉自己也会有韵律的动作。

8. 算术

儿童未进幼稚园以前,在其实际生活中,已获得了若干的数目观念,明了这些算数环境所需要的经验。根据经验,来预备幼稚园的教材,我们第一当供给儿童丰富的算术环境,第二当研究怎样使他们获得算数经验进展的自然机会。

(二)《幼稚教育新论》

1. 我国现时幼稚教育的派别

张雪门将幼稚教育分为四派:以培植士大夫为目标的幼稚教育;宗教为本的幼稚教育;儿童本位的幼稚教育;以改造中华民族为目标的幼稚教育。四种派别,并不是各派之间绝对而不相混。

2. 我国幼稚教育的历史及其背景

第一派以士大夫为目标的幼稚教育的变迁。我国正式有幼稚教育之规定,始于光绪二十八年张百熙的《奏定学堂章程》。这一派的幼稚教育在前清的时候,表面上虽要维新,但骨子里依然守旧,因为如此,反可以十足地表现以士大夫为目标的幼稚教育。第二派宗教本位的幼稚教育是根据福禄贝尔来的。第三派儿童本位幼稚教育传到我国分为两大派,一派是从意大利来的,一派是从美国来的。从意大利来的始于蒙台梭利。第四派以改造中华民族为目的的幼稚教育外受国际潮流的影响,内感生活的恐慌。

3. 我国幼稚教育应有的认识

张雪门认为,我国幼稚教育的情形十分复杂,因此,要想理出头绪来,需要有三种认识:第一,我国社会的现状;第二,儿童进幼稚园时身心的现状;第三,根据社会的需要改造儿童的生活。

4. 今后之幼稚园课程

幼稚园课程的特点有:整个的、直接的、比后期(小学以上)偏重于个体的发育。幼儿园课程的实施,需要有四种准备:技术的练习、知识的补充、工作次序的分析、教便物的预备。幼稚园课程,从动机发生开始,经过了目的的决定、计划的讨论、实施的完成,尚有一步进展的工作。这步进展,可分为两方面来说,一方面是对于幼稚生的,一方面是对于导师的。

5. 今后幼稚园各项活动的材料与方法

首先,自然与社会。幼稚园的课程,若根据国情及时代的需要,以及儿童的兴趣与能力两大原则,而期其实现,当然难以摆脱自然与社会的环境。关于自然应该注意:幼稚园儿童可能的自然活动的范围,对儿童活动上应有的指导,希望儿童在自然活动中可以得到的标准。

其次,工作与美术。儿童对生产的意味,既不是像成人的替人工作,也没有另外的目的,所以常常把工作当作游戏,当作自己的生命看待,更容易形成纯洁的劳动观念,为一生基础的生活意识。我们若指导得宜,使作者的精神完全贯注于工作,和作品同化,则更有其美术的价值。

第三,言语与文学。儿童有了经验,要把自己的经验发表出来,不得不用言语,别人的经验自己愿意知道,也不得不用言语,假使自己经验与别人经验有不相一致的地方,更不得不用言语作交换的工具。那些言语中含有真实的情绪、丰富的现象,不论是有韵或无韵的,都叫作文学。

第四,游戏与音乐。游戏和工作皆为作业的活动;所谓作业,即有目的、有计划、有实行、有结果的动作。但游戏不必如工作一定要有工具与材料,也不像工作一定要有出品;当游戏活动的时候,全神贯注,浑然忘我,和音乐的转移情绪、兴奋心弦有同样的作用;所以我们要树立儿童基本的情操,培养民族的必需人才,在幼稚园中更不得不依赖于游戏与音乐。

第五,文字与数学。可以断定儿童进幼稚园的时候便已有了关于文字与数学的经验与需要了。

6. 今后的教师

教师有了认识，更须准备实际的工作，否则，有思想而无行为，对于教育是不会有多大效果的。改造教育的准备工作，可分作三个阶段：第一，"介绍"。一是介绍国外教育学说，二是介绍国外教育方法。第二，"实验"。需要相当有组织的结合。第三，"评价"。评价是实验者将自己处在第三者的地位，对于自己所实验的工作，加以客观的纯科学的评判。

今后教师的责任包括：第一，教育为自己工作对象的儿童。第二，担任大众儿童的教育。第三，需要有严密的组织，形成一种"力"。

四、总体评价

《幼稚园教材研究 幼稚教育新论》梳理了中国幼儿教育的历史及背景，提出了今后幼稚园教育发展的思路、课程和方法。张雪门之所以被称为"中国的福禄贝尔"，是因为他的幼稚教育论述是在国内外学者研究的基础上思考中国本土需求的产物。张雪门的教育思想体现了以下几个特点：尊重幼儿的发展规律、重视幼儿的发展需求、理解幼儿的学习方式和特点。

在书中关于教材选择的几个标准。第一条："须顾到我国现时劳动意义的重要"。强调的是"儿童自己做出东西来，能给他们自己应用，而且含有大人一样的生产意味"，体验收获感、成就感，有助于积极主动、乐于探究实践等良好学习品质的萌发。

第二条："须注意儿童团体生活的需要"。当儿童进入幼稚园，因为有了团体的存在，许多生活中重要的经验，不论是技术、知识，还是道德方面的，都要引起重视了。

第三条："须比后期的儿童多注意于其生理的发展"。强调了知识、技能、兴趣、习惯等都和生理有密切的关系，即教材的选择、方法的选用都要根据这一阶段幼儿的生理发展特点、发展规律来进行选择和实施，同时也体现了对幼儿个体差异的重视和尊重。

第四条："须根据儿童直接的经验"，"凭借直接的经验，使事事物物都经过他们的感官而入于脑，然后其观念才能引导比较正确的地位。"这一条正体现出了张雪门对于幼儿学习方式和特点的理解，认同了幼儿的学习是以直接经验为基础的，在游戏和日常生活中进行的，教育要支持和满足幼儿通过直接感知、实际操作和亲身体验获取经验的需要。

第五条："各科的界限须混合而不分"。这与《指南》中"关注幼儿学习与发展的整体性"相一致，张雪门强调了"教材是活动"，活动是"整个儿的"，并不能严格界定为是哪一科的。

幼儿的发展是一个整体，教育要促进其身心全面协调发展，不是追求某一方面或几方面的发展，因此，虽然分领域，但是在活动开展中只能是侧重于某个领域，并不能完全界定为是某个领域的，要具有领域间的渗透和整合的意识。

五、原文选读

教师能把社会的生活和个体的生活两相联络起来,儿童的生活才得充实。教材的目的也得以贯彻了。

至于手工和美术的目的,可分作两种。

普通目的:促进儿童支配环境的欲望及其能力;发展贯彻目的的意志;培养劳动生产的兴趣;成就互助合作的社会精神。

特殊目的:满足儿童玩弄物件的要求,使其熟悉各种物件的性质和数量;使儿童观察一切东西的颜色和构造格外清楚;使儿童渐知容纳别人的计划和批评;使儿童获得使用工具、材料的经验及其整洁、经济等习惯;增加儿童工作计划的进步。

至于言语和文字的目的,可分作两种。

普通目的:增进儿童交换经验的能力及社交的兴味;发展组织思想的能力;扩充儿童各种发表思想的欲望。

特殊目的:发展儿童谈话自由自在的态度;使儿童对别人的意见更容易领略;使儿童在发表上有选择相当字句的能力;使儿童养成正确的语法、清晰的口齿、正确的发音、爽利的声调;使儿童藉饶有兴味的经验的丰富而增多字汇;使儿童形成应对上有礼貌的习惯,如"请你"、"谢谢"、"请恕我"等用语;使儿童获得初步的文字表示的兴趣。

至于文学的目的,可分作两种。

普通目的:培植爱好文学的兴趣;发展欣赏好文学的鉴别力;扩充文学的发表力。

特殊目的:养成用语言整理观念的能力;改造言语发表的技能——文法正确,语言和悦,表情自然;增进各种知识;陶冶道德情操。

至于幼稚园游戏目的,可分作两种。

普通目的:矫正身体的缺点,锻炼筋肉,制驭冲动;培养感觉的敏锐、行动的灵便;树立社会合作的兴趣。

特殊目的:借表演的表现,使经验更有组织更有意义,战胜恐惧,养成勇往直前的精神;增进推理思索等能力;发展自我表现并能享受有节奏的活动之艺术意味;从游戏中获得交换知识技能等学识。

幼儿园音乐的普通目的:唤起儿童对于音乐的兴趣;养成儿童有独唱合唱的能力;借共同唱歌或共同奏乐的经验,以发展儿童社会的情感。特殊目的:养成儿童轻清的歌音;训练儿童调息与发声高低的技能;发展儿童节奏反应的动作;引起儿童音乐的创造;培植儿童赏鉴音乐的能力。

关于算术的目的,可分作二种。

普通目的:扩充算术的术语、数目及度量衡等知识;增加应用算术的兴趣;养成估量实物及使用工具的习惯。

特殊目的:感觉时间的重要;发展应付环境的能力;增加社会的了解。

幼稚教育是说人生哪一时期所受的教育呢? 若根据美国一般的情形,有从婴儿生后18个月起,一直到了六周岁的。在这四年零六个月的光阴中,又可分作两个时期:从18个月到四周岁是婴儿园时期,从四周岁到六周岁是幼稚园时期。

若根据苏俄的教育时期,凡八岁以前的都是学前教育时期。托儿所看护三岁以下的儿童;幼稚园、儿童之家,以及休息所,收容从三岁到八岁的儿童。

我国教育制度中并无所谓幼稚教育,幼稚园附属于初等小学之中,六岁以下儿童入之。就实际上观察,幼稚园除大都市外,乡村尚未顾及,婴儿园更是凤毛麟角;而这些机关中,全未有确定的年龄标准。现在更限于讲授时间,只得以四周岁到六周岁的一段,假定为幼稚教育时期。

儿童本位的幼稚教育,由意大利来的,在国内因没有一贯的试验,所以没有多大的效果;从美国来的,固然在国内占重要的地位,但教徒以先入为主,其他留学回国的,既感国内合作人才之难,又因设备不周,待遇太薄,只得用非所学,演成现在的现象。

幼稚园对工作与美术科,可分三点来讲:第一,幼稚园儿童可能的工作与美术的活动;第二,怎样指导儿童这两种活动;第三,儿童在这两种活动中可希望得到的标准。

【参考文献】

1. 张雪门.幼稚园教材研究　幼稚教育新论[M].北京:商务印书馆,2014.

2. 王春燕.张雪门幼稚园行为课程及其现代意义[J].华东师范大学学报(教育科学版),2008(4):73-78.

3. 李莉,于开莲.张雪门教育实习思想对当前幼儿教师职前培养的启示[J].学前教育研究,2009(12):45-48.

《童年的秘密》

推荐版本

书名:《童年的秘密》

作者:蒙台梭利

译者:单中惠

出版社:中国长安出版社

出版时间:2010 年

一、作者简介

玛利亚·蒙台梭利(Maria Montessori,1870—1952 年),20 世纪最伟大的教育家,意大利幼儿教育家,意大利第一位女医生,意大利第一位女医学博士,女权主义者,蒙台梭利教育法的创始人。她的教育方法是其在儿童工作过程中,所观察到的儿童自发性学习行为总结而成。倡导学校应为儿童设计量身定做的专属环境,并提出了"吸收性心智""敏感期"等概念。

她创立的蒙台梭利教育体系对世界产生了巨大的影响,如今以她名字命名的蒙台梭利学校遍及世界 110 多个国家和地区。蒙台梭利出生于意大利安科纳省,就读于罗马大学,她精通医学、哲学、教育学、实验心理学和人类学。1907 年,蒙台梭利在罗马贫民区创办了第一所"儿童之家",招收 3～6 岁的儿童,她运用自己独创的方法进行教学,结果出现了惊人的效果。这些普通的贫寒儿童,几年后,心智发生了巨大的转变,被培养成了一个个聪明自信、有教养、生机勃勃的少年英才。蒙台梭利崭新的具有巨大教育魅力的教学方法,轰动了整个欧洲,关于这些奇妙儿童的报道,像野火一样迅速蔓延,人们仿照蒙台梭利的模式建立了许多新的"儿童之家"。

蒙台梭利被誉为儿童世界的代表,也有人说她是自福禄贝尔以来影响最大的幼儿教育家。她所创立的独特的幼儿教育法,风靡了整个西方世界,深刻地影响着世界各国,特别是欧美先进国家的教育水平和社会发展。蒙台梭利教育法的特点在于十分重视儿童的早期教育,她为此从事了半个多世纪的教育实验与研究;她的教学方法从智力训练、感觉训练到运动训练,从尊重自由到建立意志,从平民教育到贵族教育,为西方工业化社会的持续发展,提供了几代优秀的人才基础。

二、内容简介

《童年的秘密》包括三个部分,分别是"精神的胚胎""新教育"和"儿童与社会"。这本书专门研究了孩子们各个年龄阶段的发展关键期,阐述了哪些因素影响儿童的心理发展,系统讲述了幼儿教育的内容,总结了幼儿发展的特点,得出了自由、纪律与工作对幼儿发展的重要规律。幼儿心理发展与遗传、环境和心理原动力有关。蒙台梭利强调环境的重要性,在书中提到要给幼儿一个有准备的环境,让幼儿一看到这个环境就愿意静下心来学习与思考。

幼儿发展的第一个特点是独特的心理胚胎期。心理胚胎期的意思是儿童心理与性格形成的关键期。

第二个特点是心理吸收力。心理吸收力的意思是成人的行为、性格、语言与心理活动都会被儿童吸收。

第三个特点是敏感期。蒙台梭利认为,不同的个体有不同的发展节律,教育要与儿童发展的敏感期吻合,就必须用不同的教育来适应不同的成熟节律,因此她十分强调个别教学,让儿童按自己的需要自由活动,使个性得到充分发展。儿童在1~6岁里有各个方面发展的关键期。

第四个特点是阶段性。第一个阶段为个性形成期。0~3岁为胚胎期,3~6岁为个性期。第二个阶段为增长学识与艺术才干的时期,此阶段为6~12岁。第三个阶段为青春期,此阶段为12~18岁。个性形成期是蒙台梭利主要研究的阶段。该书主要详细而生动地描绘0~6岁儿童的一些生理和心理特征。

自由代表一个人的自发、自动和自主性,给儿童进行的活动最好是自由活动,不要去强制干涉。蒙台梭利认为儿童具有与生俱来的"内在潜力",教育的任务是激发和促进儿童"内在潜力"的发现,并按照其自身规律获得自然的自由的发展,应该把儿童作为人而不是物体来对待,教师和父母应该仔细地观察儿童,了解他们的内心世界,发现"童年的秘密",尊重儿童,在儿童自由和自发的活动中,帮助儿童实现智力的、精神的、身体的、个性的自然发展。

纪律是不能强制的,好的纪律是儿童能自觉遵守的。儿童是很守道理、很守规矩的。工作是蒙台梭利在此书中的特色词汇,蒙台梭利反对游戏,要想培养幼儿的创造力,唯有工作。她还提倡提供个体化的教具。蒙台梭利认为,通过作业,儿童自然就"学会谨慎,学会自觉,学会指挥身体的行动";通过作业这种自由选择的个体活动方式,学会依靠自己,学会尊重他人,使"儿童之间没有妒忌,没有争吵",从而培养"绝对平静"的气氛,良好的秩序由此而来;通过作业,让儿童学会自我约束,为意志力形成做准备,推动儿童服从。可见,蒙台梭利所主张的是从自由经过作业到自觉秩序和服从,从而实现让儿童自我教育的目的。自由、纪律与工作是蒙台梭利的三大支柱思想。

在幼儿教育内容上,首先感官教育很重要。其次要提供给儿童读写算的教育。最后要提供生活练习。所有的教育内容应该手脑结合,并促进身心和谐的发展。蒙台梭利的书里体现着卢梭的教育要适应自然的教育思想。

三、内容解读

蒙台梭利在《童年的秘密》中举了一个个形象鲜活的例子来阐述她对于儿童的理解,本书主要从以下三个方面,全面地论述了对儿童的认识。

(一) 关于对儿童的解读

蒙台梭利借用了几个生物学上的专有名词来解释自己对儿童的看法,例如精神的胚胎、形成中的心理、人格的替换等。蒙台梭利详细地描述了一个新生儿诞生的过程。在这一部分里,随处可见圣经上话语的引用,例如,"他成为了他自己,然而他却不接待他自己。"

(二) 关于教师的教育方法

第一,本书讲述了教师的任务是认识儿童和做好面对儿童的精神准备。全部问题的关键是教师面对儿童的态度,什么样的学生观决定一个教师拥有什么样的教学观。

第二,本书讲述了一些教育的方法。教育方法主要是环境、教师作用和对儿童人格的尊重。蒙台梭利通过在儿童之家的亲身实践来表达一些她的教育理念。字里行间都体现了她对儿童的一视同仁以及细心指导。蒙台梭利认为奖励与惩罚似乎是无效的,她所提倡的是卢梭的自然后果法。

第三,本书提出要训练幼儿感受安静的能力。在令人感动的安静中,渐渐地能听到极其轻微的如同远处滴水和鸟鸣那样的声音。培养幼儿享受安静对于幼儿的感知觉以及心理发展是十分有益的。这似乎与蒙台梭利认为游戏不是幼儿必需品的观点不谋而合。幼儿有了自己投入的事情便对玩具游戏不感兴趣了,我们不能死板地认为幼儿只对玩具感兴趣,幼儿就得时时刻刻玩玩具。

第四,本书讲述了遭受不幸的儿童与富裕家庭的儿童的表现,遭受不幸的儿童会经历皈依来获得重生。蒙台梭利讲述了儿童的心理畸变的情况,儿童在最初发展的时候会形成一种心理防御,甚至成人的不恰当举动会加剧儿童对于世界的不信任。对于一些人来说,他们往往会终身带着这些在童年时期设置的心理障碍。

幸福的人一生被童年治愈，不幸的人一生都在治愈童年。童年对于一个人的影响是终生的。不要以为小孩子很小的时候没有记忆力，他们或许记不得具体的事情，但是那种微妙的感觉会被永远留在心里。正如蒙台梭利所言，儿童是敏感的，在很多事物上，儿童表现出比成人更大的敏感。

（三）关于儿童与社会的关系

父母要转变教育观念，把儿童放到一个平等的位置。从儿童的角度来看，由于成人对细微末节不感兴趣，儿童就认为成人迟钝和麻木。如果儿童能够表达自己的观点，他肯定会告诉成人，他极不信任成人，正如成人不信任他一样，这是因为成人与儿童各自的思维方式是不同的。这就是为什么儿童和成人不能相互理解。

父母不可以高高在上，要蹲下来与儿童讲话，与他们做朋友。父母应该与儿童进行心灵上的沟通，而不仅仅是物质上的关怀。应该意识到儿童的需要，发现儿童的兴趣，唤醒儿童的心灵。学校要关注儿童的身心需要，不应该太注重于考试而让儿童过早地背负心灵的枷锁。社会即学校，把儿童生活学习的区域变广，不要局限于方寸之地。

四、总体评价

《童年的秘密》一书体现了蒙台梭利在教育学、心理学和医学方面的知识储备非常扎实。书中，作者运用其医学基础，将教育学与医学结合，同时心理学、哲学知识贯穿其中，在实践的基础上，将平凡的教学问题用深厚理论知识进行淋漓尽致的解析。蒙台梭利还擅长用绝妙的比喻句来表达想法，每个比喻句都恰到好处。

书中列举了众多儿童生活学习中的例子，用理论做支撑，既能启迪读者思维，又形象生动地表述其思想。书中，自然主义教育思想成为精髓，自然主义教育思想以卢梭为代表，经裴斯泰洛齐、福禄贝尔的发扬，蒙台梭利在总结前人的基础上，形成了自己革命性的儿童观，她认为儿童有一种与生俱来的"内在生命力"，这种生命力是一种积极的、活动的、发展着的存在，教育的任务就是发展这种"内在生命力"，并且消除阻碍这种生命力发展的障碍，蒙台梭利的教育贡献就在于围绕这样一种"内在生命力"而进行教学实践，这也是贯穿《童年的秘密》的思想精髓。

蒙台梭利在此书中还提出了帮助儿童自然发展的儿童观，提出了敏感期、工作与自由等新概念，并做了一些新解释。全书透露出蒙台梭利对儿童的尊重与爱，就像马斯洛的需要层次理论一样，蒙台梭利不仅要满足儿童生理的低层次需要，而且要满足儿童的归属与爱的需要。

五、原文选读

家庭财富应该给儿童幸福，而不是给儿童一个奢侈的环境。

对儿童来说，最好的环境应该是一个听不到街道嘈杂声的、平静和安宁的、光亮和温度能够调节的房间，就如在一些歌剧院里所获得的条件一样。

另一个问题是关于搬动和怀抱这个裸露的新生儿的问题,在用手接触他时应该尽可能地轻一点。应该采用一种轻便的和柔顺的支撑物的方法来抱起这个儿童。

一个注意最小细节的儿童,他必然带着一定程度的轻蔑看待我们成人,因为懂得心理综合的成人知道自己去看什么,而儿童并不知道如何去看东西,儿童把我们成人看成是一个多少有点无能的人。

从儿童的角度来看,我们成人不很精确。由于我们对细微末节不感兴趣,儿童就认为我们迟钝和麻木。

如果儿童能够表达自己的观点,他肯定会告诉我们成人,他极不信任我们成人,正如我们不信任他一样,这是因为我们各自的思维方式是不同的。这就是为什么儿童和成人不能相互理解的原因。

他们一次又一次地重复练习,在这样做的情况下没有外在的目的。

他们在自己手早已洗干净的情况下仍是洗手是出于一种内在的需要。

一项练习的各种细节教的越是详细,它似乎越是能成为无穷尽的重复练习的一种刺激物。

那时,所有的儿童都十分安静地坐着,尽可能地控制自己的呼吸,像那些正在沉思的人那样脸上露出一种宁静和专注的神态。

在这令人感动的安静中,我们渐渐地能听到极其轻微的如同远处滴水和鸟鸣那样的声音。这件事情就是我们的安静练习的由来。

心理障碍通常并不是唯一的障碍物。它被外界防御物所包围,这些防御物一般被心理分析家称之为"抵触"。

最初儿童是对某一特定科目的抵触,然后是对一般的科目的抵触,再以后是对学校教师和其他儿童的抵触。那时,就不再有关爱和热诚,儿童害怕去学校,以至最后他完全脱离学校。

成人由于不断地羞辱儿童,使他感到自己软弱无能,从而压制了儿童努力去行动的欲望。但是,成人并不满足于仅仅阻止儿童的行动,他还不断地对儿童说:"你不能做那件事,你没有必要去做。"

如果这个成人是粗暴的,他甚至会说:"傻瓜,你在做什么?你难道不知道你不能做那件事吗?"成人的这种行为不仅阻碍了儿童的工作和打断了他行为的连续性,而且是对儿童个性的一种侮辱。

我们成人依赖于儿童。在儿童的工作领域中,我们是他的儿子和侍从,正如在我们的工作领域中儿童是我们的儿子和侍从一样。

在一个领域中成人是主人,而在另一个领域中儿童那主人。因此,儿童和成人都是国王,但他们又是各自王国的统治者。这是人类中为了和谐而存在的一个基本结构。

因此,儿童的社会悲剧就产生了。社会把儿童交给他的家庭去照料,而不承担对儿童的丝毫责任,家庭又尽量把儿童交给社会,关在学校里,使他脱离整个家庭的控制。

我们没有听到保护儿童的呼声。如果有一种呼声应该有力量去保护儿童的话,那就是生命的呼声、心灵的力量和他的父母的人权。

人是没有力量的,他受到了本应保护他的更高的权威人物的羞辱和鞭挞。于是,儿童被公众和社会当局拖走了。

家庭和社会把他们的儿童交给了一个权威机构。人把他们自己的种子撒向空中,风将把它带到更遥远的地方。从此以后,那些幼弱的和忧虑的儿童长年累月苦恼地与课桌椅捆绑在一起。

在严厉的看管下,儿童的手脚不能乱动。他倚靠在课桌旁,两只小脚并在一起不动,他的两只小手也合在一起不动。

在儿童自己渴望真理和知识的时候,教师却把她的思想强迫灌输到他的心里,儿童顺从地低下自己的小脑袋,好像蒺藜把他的头刺出血似的。

【参考文献】

1. ［意］蒙台梭利. 童年的秘密［M］. 单中惠,译. 北京:中国长安出版社,2010.
2. 邓祎,罗岚,杜红春. 蒙台梭利教育本土化的探索［J］. 学前教育研究,2016(7):64-66.
3. 袁梅,倪志勇. 蒙台梭利教育思想价值新探［J］. 比较教育研究,2015(2):80-83.

《幼儿教育的原点》

推荐版本

书名:《幼儿教育的原点》

作者:高杉自子

译者:王小英

出版社:华东师范大学出版社

出版时间:2014 年

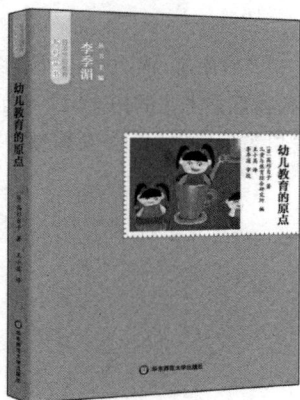

一、作者简介

　　高杉自子(1924—2003 年),1944 年,本科毕业于东京第一师范学校女子部。1944—1946 年,任教于东京都公立学校。1944—1965 年,先后任教于东京学艺大学附属竹早小学、东京学艺大学附属幼儿园,并担任副园长。1965—1974 年,担任东京都教育厅指导主任。1974—1977 年,担任东京都教育厅副参事、主任。1977—1985年,担任文部省初等中等教育局幼儿园科教科调查官。1984—1985 年,担任文部省初等中等教育局教育助成局督导。1986—1995 年,任教于昭和女子大学。1996 年,担任儿童与保育综合研究所所长。高杉自子还是日本原文部省《幼儿园教育纲要》编写组成员。著有《幼儿教育的原点》等。

二、内容简介

　　高杉自子的幼儿教育理论,是彻底的"现场中心主义"和"站在孩子立场上的保育（观）"，这是他人所难以企及的。高杉自子一贯主张："幼儿教育的真实，不是在书桌旁构建起的理论与权威的学说之中，而是在孩子之中，在实践之中。"她强调为了深化保育实践，幼儿教师在不断反思自身实践的同时，还要与同事、同行进行各种交流。

高杉自子的保育理论是在对幼儿、对保育的不解与困惑中，在对幼儿教育事业的迷恋中，在与教师们（包括幼儿园和小学）的对话交流中，逐渐奠定而成的。高杉自子主张：站在孩子的立场思考，站在孩子的立场设置环境，站在孩子的立场创造生活，与孩子们共同游戏、同悲同喜。

高杉自子站在幼儿教育的前沿，对幼儿教育的本质与游戏活动的引导，幼儿园与家庭、社区的合作，园本教研与教师专业化成长等问题做了深入浅出的论述。这些不仅是日本幼儿教育存在的问题，也是我国幼儿教育面临的问题。

高杉自子为构建与践行适应幼儿发展的保育理论贡献出了毕生的力量，这本书是对其保育理论的最新诠释。本书的论题是幼儿教育的基本问题，是跨国界的共同话题，值得国内的读者去深刻领会和思考。

本书共七章。第一章，探察幼儿教育的特质；第二章，在游戏中提供支持；第三章，与孩子共同开创幼儿园生活；第四章，保育计划的制定；第五章，与家庭—社区共育的保育；第六章，教育实践的深化与教师的成长；第七章，我为什么做了幼儿教师。

三、内容解读

本书作者高杉自子在扉页上写道："幼儿教育的真谛，不是在书桌旁构建起的理论与权威的学说之中，而是在孩子之中，在实践之中。"这正是幼儿教育的原点。

许多教师认为只要让幼儿游戏就好，于是把大量的时间让位给游戏活动。同时，将保育与指导援助等对立起来，采取放任自流的态度。可以说，这是将幼儿园的游戏误解成为小学课间休息的游戏，没有真正理解幼儿生活的中心是游戏的真谛。换句话说，仅仅让孩子们玩是不够的，还要引导、帮助孩子发展他们的游戏，为他们游戏创造丰富多彩的环境，帮助孩子与游戏环境连接，这才是真正的用游戏促进幼儿发展。

而在这本书中，这样一针见血地指出问题所在的段落俯拾皆是，对幼儿教育与学校教育的区别，为什么要以游戏为幼儿园的基本活动，如何站在幼儿的角度去理解他们、跟幼儿共同去开创幼儿园生活，如何审视我们现今的课程计划和活动，与家庭社区协同保育，都进行了清晰、准确的论述。高杉自子老师做过多年的一线教师，论述鞭辟入里又深入浅出。

她认为应该正确看待幼儿的游戏。福禄培尔在《人的教育》一书中指出："游戏是内心的一面镜子，游戏是发展的最高阶段。"我国著名的教育学家陈鹤琴曾经说过："游戏是孩子的生命。""玩"是孩子的天性，幼儿园的教育教学原则是：寓教于乐，让幼儿在"玩中学"。以"玩"的形式，使幼儿兴趣盎然地参与学习，从而轻松愉快地掌握知识，同时得到动手、动口、动脑等各种能力的培养与发展。如在玩卖东西、送信件等角色游戏时，孩子在快快乐乐的游戏中，他们的平衡能力、语言表达能力、与同伴之间的交往能力、动手操作能力、观察能力等都能得到训练。

高杉自子也站在孩子的立场指出："游戏对于孩子来说是必不可少的。"幼儿园的建构游戏、角色游戏、表演游戏，作为游戏内容是幼儿生活不可缺少的。如何让孩子的学习更加快乐有趣？那就是"游戏"！数学可以游戏，认知活动可以游戏，音乐可以游戏，体育锻炼可以游戏，生活活动可以游戏，家庭活动可以游戏……当沉浸于游戏活动之中时，当游戏持续开展时，一定有震撼孩子的感动与发现。

四、总体评价

本书从幼儿教育的特质、游戏、幼儿园生活、计划制定、家园保育、实践、教师成长等方面做出了阐述。在本书中，高杉自子力求做到实际与理论相结合，所选的材料尽可能做到具有时代性、代表性、科学性和针对性。既注意针对我们与幼儿生活的实际，又针对我们与幼儿生活中存在的问题进行独到的解析，力求使教师在学习使用本书后，既懂得"如何和幼儿生活"，又懂得"为何要这样与幼儿生活"。从而让幼儿在生活中得到真正的快乐，有一个快乐而难忘的童年。

五、原文选读

这些名目繁多的保育逐渐远离幼儿，走向以成人指导为中心。幼儿在成人铺就的轨道上运行，按照成人的意愿被调教，如流水线上被批量生产的统一规格的零部件。

幼儿教育的四个基本准则是：(1) 以幼儿主体性的生活为中心开展教育；(2) 通过环境进行教育；(3) 适应幼儿的发展特性与个体差异进行教育；(4) 通过游戏进行综合性指导。

幼儿园不是把幼儿放在特定的框架内进行统一规格的模式化训练，也不是把幼儿放在传送带上给他装载特定的保育内容。

幼儿园应该是每个幼儿开展自身生活，伸展个性的舞台，是幼儿与同伴及教师共同生活，相互交流的场所。幼儿园应该富有人性化和生活化。

走近幼儿、理解幼儿，就必须从幼儿自然的生活样态出发。这是每个幼教工作者都必须明确的问题，也是难以做到的事情。

现在的保育界没有对这一根本性问题作认真思考，而是被五花八门的保育方式所迷惑，许多外行人插手保育，搅乱了保育，对此我们必须深刻地反思。

在幼儿园的生活是幼儿生活的一部分。幼儿离开亲人，与没有血缘关系的其他成人(幼儿教育的专家)接触，在与家庭不同的有准备的环境中，与同伴集体共同生活，积累起丰富多样的经验。

为了形成顽强的生存能力，幼儿需要体验凭借自己的力量来掌握各种本领的快感，需要感受通过自己的智慧与努力来不断获得成功与成长的喜悦。

要把幼儿园的教育教学活动看做是教师与幼儿共同创造与经营的生活，而不是教师预设好了的呆板的摹本。

教师制定一日活动计划的一个重要目的，是为了培养幼儿形成制定自己生活计划的能力，掌握开展快乐充实的生活的方法，而不是让幼儿被动地靠铃声或哨子声来控制自己的生活。

保育活动是由幼儿与教师共同创设的。幼儿与教师在相互作用过程中，教学相长。幼儿在与同伴集体的相互作用过程中，也在共同成长。这是保育活动的基本规律和准则。

幼儿的游戏是作为主体者的幼儿自发、自主的行为。在游戏中幼儿是主人公。游戏活动是复杂多样、充满变化的。幼儿依靠自己的力量去开拓自己的世界。

对幼儿来说，游戏就是学习。在游戏过程中，幼儿形成了学习的意向与能力。他们先是从兴趣与好奇出发，对周围的事物进行探索。在明确自己的课题与构想后，开始收集信息，进行大量的操作与尝试，并反复修正自己的构想与做法，直到把自己提出的问题解决为止。

教育并不是让儿童被动地去适应去接受，而是教师与儿童在使用教材的过程中不断地进行新的创造。

要实现适应个体差异的个别化指导，教师就应该首先要关注幼儿、关心幼儿、理解幼儿。

所谓理解幼儿，就是要把握每一名幼儿的心理活动，发现每一名幼儿的长处，只能从与幼儿的直接接触开始做起。

当幼儿对某事物产生固执行为的时候，如何去应对这一固执行为，在幼儿期是十分重要的。

只有相信每一名幼儿的固执行为对其来说都有着独特的意义，并把其固执行为当作幼儿心灵之声的信息来接受，幼儿才能敞开心怀地去挑战新的事物。

人只有试图拥有自己的世界才能够成长起来。发现自己，有自己的认识与想法，创生自己与自己的世界，也就是创生作为主体的自我的世界。

在保育实践中，教师不仅要与幼儿，还要与家长建立起亲密的信赖关系，幼儿园只有与家庭、社区密切合作，才能够更好地促进幼儿的发展。

保育的基本命题是"生命——生活"。教师如果回避这个命题，就等于什么都没教给孩子。

掌握孩子幸福之门钥匙的不是孩子自身，而是成人，是构成并创造孩子生活环境的成人。

只有与幼儿拥有同一个心理世界，并共同深化与发展这一世界，教师才能够成为幼儿生存能力的培养者与辅助者。

一个人的快乐通过传递给他人，与他人共同分享，可以放大和增值。使幼儿同伴群体学会传递与分享感动，是在幼儿园开展游戏活动时，教师需要特别加以引导的。

【参考文献】

1. ［日］高杉自子.幼儿教育的原点[M].王小英,译.上海:华东师范大学出版社,2014.
2. 张燕.日本幼儿教育的特色及其启示[J].教育科学,2003(2):62-64.
3. 曹能秀.近十年来日本幼儿教育改革政策:演进及特色[J].外国教育研究,2013(6):3-10.

《童年与社会》

推荐版本

书名:《童年与社会》

作者:埃里克森

译者:高丹妮,李妮

出版社:世界图书出版公司

出版时间:2018 年

一、作者简介

爱利克·埃里克森(Erik H Erikson,1902—1994 年),美国神经病学家,著名的发展心理学家和精神分析学家。1902 年出生于德国,在他三岁时母亲再组家庭,由于和母亲、继父不同的相貌体格,让他产生自己不属于这个家庭的感觉,并且这种感觉不断加剧。因而,"同一性危机"的概念成为埃里克森理论上最为关注的问题之一。

1927 年,埃里克森在维也纳精神分析研究所学习,接受弗洛伊德女儿安娜的精神分析训练。1933 年,到波士顿,成为当地第一位儿童精神分析学家。1936—1939 年间,在耶鲁大学人类关系研究所从事研究工作,并在耶鲁医学院精神病学系任教。1939 年到加利福尼亚大学伯克利分校儿童福利研究所任研究助理,并开办私人诊所。1942 年任该校心理学教授。1950 年,出版《儿童与社会》,提出了心理社会发展的八阶段论。1951—1960 年任匹兹堡大学医学院精神病学教授。1960 年任哈佛大学人类关系学教授,直到 1970 年退休。

理论观点和成就：第一，建构以自我为核心的人格发展理论。把人的发展的重心从弗洛伊德的本我过程转到自我过程，把人的发展动机从潜意识扩展于意识领域、从先天本能欲望转至现实关系之中。第二，提出心理社会发展渐成论。强调文化与社会对人的发展的影响，把人格的形成视为机体成熟、自我成长和社会关系三者互动作用的过程。第三，提出人格发展阶段论。以自我同一性为核心将毕生分为 8 个阶段，并按照积极与消极的二分法描绘出各个阶段的特点。

埃里克森认为，在每一个心理社会发展阶段中，解决了核心问题之后所产生的人格特质，都包括了积极与消极两方面的品质，如果各个阶段都保持向积极品质发展，就算完成了这阶段的任务，逐渐实现了健全的人格，否则就会产生心理社会危机，出现情绪障碍，形成不健全的人格。

主要著作有《童年与社会》(1950)、《少年路德：精神分析和历史的研究》(1958)、《领悟与责任》(1964)、《同一性（青少年与危机)》(1968)、《新的同一性维度》(1974)、《生命历史与历史时刻》(1975)、《玩具和理由：经验仪式化的阶段》(1977)、《生命周期的完成》(1982)等。

二、内容简介

《童年与社会》是埃里克森的第一部著作，发表于 1950 年。全书以儿童病患案例为对象，进行了儿童早期心理个性的形成与家庭、社会、环境的关系分析，指出母爱的重要性。以希特勒和高尔基的成长历程与社会环境为对象，进行了精神分析理论的剖析。全书分为四个部分：第一部分，童年和社会生活形态；第二部分，两个美国印第安部落的童年；第三部分，自我的发展；第四部分，青年和个性的演变。

第一部分，作者以案例诠释自己关于病史的关联性和相对性，以及幼儿性欲理论的观点。第一章中论述了病史的相关性和相对性。举了两个例子：第一个是萨姆，一个三岁男孩对死亡的过激性精神反应。由于他认定祖母的死亡与自己有关，以及他所处犹太文化的特殊性，使得他情绪紊乱。即他处在自我与家庭及文化的冲突中。此外还有社会、家庭和自我三个要素亦处于变化过程中。第二章中论述了幼儿性欲理论。举了两个临床病例：第一个是安娜，她在这个"拿"与"给"的状态中，"拿"似乎是引向更内在（孤立）和更后退（退缩)，而"给"具有主动和进取的因素。第二个是帕特，幻想自己怀孕。这个案例验证了所谓的"保留"模式是通过"后退""坚持"和"抑制"这三种行动和排除途径来表现的。这一部分还涉及区域、模式和感觉，生殖器模式和空间形态（游戏中男女童对于内外部空间的不同倾向)。

第二部分，两个美洲印第安部落的童年（两个不同文化的种族如何根据儿童生长及部落文化训练儿童的自我适应)。作者从研究孩子和病人到探讨印第安人的习俗，运用近代传统的调查方法，在纷杂的成年人世界周围寻找某种被简化的迹象，这种迹象能说明人类生存的规律。研究心理机能失调也是这个领域中的一部分，弗洛伊德说："水晶,只有在破碎的时候和破碎的地方才能显出它原来看不到的结构。"在第三章"穿过大草原"中,作者从历史背景——印第安人遭遇美国白人文化的冲击出发,讲述吉姆年轻一代(受过政府的白人教育),思想处于印第安和白人之间。在不同种族成员间的一次讨论会上,白人和印第安人之间的观念差异及冲突暴露出来。但印第安人在儿童的教育、分娩卫生、哺育、性观念等问题上和白人观念的融合很自然。诚如作者所写："这里我们谈的不是儿童训练中简单的因果关系,而是儿童的身体、智力与社会生活方式的相互同化、相互促进,它构成了完整有效的、有生命力的原始文明蓝图。"在第四章"河沿岸的渔民"中,作者对尤罗克人和苏语印第安人进行了比较。印第安人生活在平原,具有分散流动性;尤罗克人生活在狭窄河谷及河流沿岸,对外来的事物及思想有很强的排斥性。而且尤罗克人崇信儿童精神病学、巫术,对尤罗克儿童的训练内容与社会文化相关,目的是培养儿童更适合于集体的生存环境。

第三部分,自我的发展。作者认为"自我"有一个"内在机制",它被发展用于保护存在于个人内心的平衡,而所有外表的平衡都必须依赖于内心的平衡。作者因为早期自我的失败,和母亲产生疏远导致缺乏感情的表达能力,只能以一种恶性行为表现感情,即人类的基本信任关系。作者还从玩具和理智两个方面出发,提出游戏和治疗的关系,通过观察儿童对玩具的选择与排斥,帮助对其进行行为分析。在这个部分中,埃里克森还提出了人类发展的八阶段理论。

第四部分,青年和个性的演变。作者以希特勒和高尔基为例。希特勒在自传《我的奋斗》中,将自己的恋母仇父(俄狄浦斯情结)与国家民族问题直接联系起来。因为他的父亲是粗暴又谄媚的矛盾性格,母亲则是慈爱又急躁的矛盾性格。对于高尔基青年时代的传说,作者联系俄国的土地和米尔(沙俄时一种村庄组织)介绍了阿廖沙家庭环境。另外,作者认为高尔基母亲的离去使其角色被外祖母代替,他外祖母是忍耐与被奴役的人物形象,和外祖母的生活经历让阿廖沙形成了自己独特的个性。作者在最后一章里讲了有关摆脱焦虑的内容。

三、内容解读

在《童年与社会》中,埃里克森首次提出了人生发展的八阶段理论。这八个阶段主要围绕着自我心理的发展展开,或者可以理解为一个人的人格发展。埃里克森一直试着把个人心理发展与社会文化因素联系起来,所以这本书是围绕着个人身体、自我心理以及社会文化三个方面展开的,涉及人生发展的八个阶段。

(一) 第一阶段(0～1 岁)

基本信任对基本不信任:获得"驱力与希望"的品质。

幼儿最初的信任是通过母亲哺乳、积极回应需求等方式获得的,在 0～1 岁这个阶段,婴儿和母亲之间建立的基本社交形式是"给予和得到",婴儿在获得充足的奶水的过程中对外界社会逐步产生了信任感。但这个阶段对婴儿来讲,有一个很大的危机,那就是要长牙。婴儿长牙之后在吃奶的时候会咬妈妈的乳头,然后妈妈会下意识地抽离乳头,从而母婴之间的关系由原来的"给予和得到"转变为"攫取和抽离",这会让婴儿产生愤怒,这种愤怒就是对外界不信任的来源。

只有婴儿在这种冲突中幸存下来,才能获得驱力和希望的品质,这是支撑每个人在未来人生的一切艰难困苦中坚持下来的原动力,也是我们对明天充满无限希望的源泉,更是人类宗教信仰的原型。但是,这种冲突,我们没有办法通过人为的方式避免,必须要由婴儿自己面对,而其还一定要在这种冲突中幸存下来。或许用奶瓶喂养的孩子不会经历这样的阶段,但是,谁知道用奶瓶喂养的孩子真正失去的又是什么呢?毕竟,婴儿对外界的信任并不简简单单依赖于奶水,起关键作用的是奶瓶或者乳房后面的妈妈。

（二）第二阶段（1～3岁）

自主对羞愧、怀疑:获得"自控与意志"的品质。

这个阶段的孩子对排泄很敏感,这一时期孩子的心理和外界产生互动的社交模式是"排除和保留"。当食物进入到孩子的胃,经过加工到了肠道之后,会让孩子有一种腹胀感,这种感觉很不好,但当排出这些秽物的时候,却让孩子感觉很舒畅,用埃里克森的话来说,这让孩子产生了一种"干得好"的感觉。这种"好与不好"的对立可以看作人类善恶的起源。

所以,这一时期孩子遇到的最大冲突就是"保留和排出"之间的冲突,因为起初的时候孩子是没办法控制自己的排泄的。直到孩子自己能够控制大小便,才算克服了这个阶段的冲突,获得了"控制和意志"的品质,控制就是自主性、自控力,而意志就是"我想要排泄的时候才能排泄,而不方便或者不想排泄的时候就可以暂时不排泄",这个时候孩子才能真正获得一种"自己说了算的感觉"。

但问题是,这个阶段本来孩子就要面临各种自我冲突,我们父母还要人为地增加孩子的冲突,那就是过早训练孩子大小便,这严重剥夺了孩子自控力、意志力以及自主性的发展,反而增强了孩子的羞愧心理和自我怀疑。这个羞愧主要指的是排泄的时候完全暴露在别人面前而自己意识到的一种自尊受损。当我们了解了这一点,或许我们就不再疑惑现在为什么有那么多孩子在自控力、意志力以及自主性方面表现较差了。

（三）第三阶段（3～6岁）

主动对内疚:获得"方向与目标"的品质。

当孩子到了3～6岁这个阶段,有两大重要变化,一个是完全能够掌控自己的运动和身体,可以到处跑动;另一个是对异性父母非常有好感。孩子这一阶段的发展主要是围绕生殖器展开的,这并不是说这一阶段的孩子有能力像成人一样通过性交获得快感,而是说这一阶段的孩子会把异性父母作为自己性幻想的对象和目标,这一时期孩子内心的冲突是不言而喻。因为他一方面要和同性父母竞争异性父母,在这个过程中常常会产生挫败感,另一方面他会因为对异性父母心存幻想而产生焦虑和内疚,对于小男孩会有深深的阉割焦虑,也就是说他总会担心自己的小弟弟会被割掉。

这个时期,小男孩心理和外界产生的互动社交模式是侵入模式,他在行为表现上往往好动，喜欢在房子里追逐、喧哗，这是他们对成人空间和生活的侵入，通过这种方式他们表达自己的主动性和攻击性。而这个阶段的小女孩可能是一生当中最可爱的，因为小女孩和外界互动的方式是摄取方式，她们会通过打扮、可爱来俘获目标对象的心。在这个阶段，孩子们要通过主动的选择获得"方向与目标"的品质，这是人类理想和偶像的原型。这一时期的孩子，需要父母关系和谐，一方面父母可以提供给自己一个幻想的目标对象，另一方面和谐的夫妻关系会让孩子和异性父母之间保持一定的距离，不至于让孩子和异性父母太亲密而产生过多的焦虑和内疚。

（四）第四阶段（6～12岁）

勤奋对自卑：获得"方法与能力"的品质。

孩子在这一阶段需要面临一个社会化的问题，也就是要建立更多的社会关系，而不仅仅是把自己局限在家庭中。这个阶段，是弗洛伊德所说的潜伏期，这里所潜伏的不是别的，而正是性欲。在这一阶段，孩子和外界产生了关联，要学习成年后赖以生存的技术，提升自己的能力。

孩子需要奋发图强，积极进取，获得"方法和能力"的品质。在埃里克森的理论中，这些全是围绕成年后的生活展开的，比如印第安人这个阶段的孩子就要学习与打猎相关的内容，而尤洛克人的孩子则会学习与捕鱼相关的技能。但对于我们现在的儿童，我们的学习指向却是极其不明确的，我们学习了太久文化知识，但似乎又与未来的工作没有什么直接关联，这是我们这个时代共有的焦虑，这也是深处我们这个时代的儿童萎靡不振、兴趣不高、懒散被动、自卑消极的原因，因为他们实在不能在学习中获得与自己未来生存相关的能力体现和满足。

（五）第五阶段（12～20岁）

自我同一性对角色混乱：获得"奉献与忠诚"的品质。

孩子到了青春期，自我意识急剧上升，最常见的行为就是拉帮结派，他们要通过这种方式确立"我是谁"，不论是在穿着打扮上，还是在言谈举止上，都能清楚地看出他们小圈层所传递的个性特征。他们要找到自我认同感，以免出现角色混乱。这一时期的自我同一性可以看作是对以往各个阶段自我发展的整合。

这个阶段的孩子正处在中学阶段，很多文学家和艺术家曾多方面深度刻画了这一时期残酷的"青春岁月"，有一部电影叫《青春期》，就是对这一阶段孩子残酷青春的刻画。我们现在的孩子没有办法通过以往的途径进行自我认同和身份整合，所以他们就会用暴力、小团体等反社会的方式宣布自己的独立，他们非常忠诚于自己的团体，大有一种为团体奉献生命的精神。可惜的是，这种难能可贵的品质被导向了青春暴力。

到目前为止，我们尚未找到一条合理的途径，帮助青春期孩子整合自我同一性。我们现在的方式是，通过不断加剧的学习压力抹杀掉青春期孩子的活力和自我认同的需要，这为成年后的人生制造了巨大危机。

（六）第六阶段（20～30 岁）

亲密对孤独：需要获得"依附与爱"的品质。

那些刚刚获得同一性的年轻人渴望并决定让自己的同一性同其他人的同一性产生共鸣。他为亲密接触做好了准备，即他准备好了与他人建立某种具体的依附关系和伙伴关系，并发展出遵守承诺的道德力量，尽管这可能意味着需要做出重大的牺牲与妥协。这种因为恐惧失去自我而逃避的经验，可能导致深切的孤独感和情感内投。

这一阶段的危险是孤独，即为避免带来亲密感的接触。在精神病理学中，这可能导致严重的"性格问题"。然而，孤独者也会与他人建立一种类似于男女双方的亲密关系的合作关系，这种关系能够保护合作的二人不必面对下一阶段的任务。

（七）第七阶段（30～65 岁）

繁衍对停滞：获得"产出与关怀"的品质。

繁衍这个术语包含了让人类发展成社会性动物的进化发展历程。时下流行强调儿童对于成人的依赖，这经常使我们看不到老一代对于年轻一代的依赖。成人需要被别人需要，需要得到指引，需要从那些刚被生产出来、必须受到照顾的对象那里得到鼓励。繁衍，首先意味着生育和指引下一代，尽管有一些个体因为不幸或者在其他方面存在特殊的天赋而不愿把繁衍的动力用于生育后代。繁衍还意味着生产能力和创造能力，但这些都不能代替繁衍。在繁衍被压抑的地方，对伪亲密感的强迫性需求以及一种普遍性的停滞感和贫瘠感便会出现。

（八）第八阶段（65 岁以后）

整合对绝望：获得"克己与智慧"的品质。

自我发展需要获得整合感，克服绝望感。事实上，只有经历了前七个阶段的顺利发展，才能进入到第八阶段的整合。

每个阶段自我的发展，都会成为下一阶段自我发展的基础。任何一个阶段发展的停滞，都会影响后续的发展。但埃里克森也提到，他并不认为所有的发展都是由一系列危机和冲突构成的，在每个阶段的发展中，都有着关键的转折点，这些转折点决定了自我的停滞和进步。另外，每个阶段的发展，都与其相应的社会活动相关，尤其是婴幼儿期，比如"基本信任对基本不信任"与社会宗教信仰相关，"自主对愧疚、怀疑"与法律秩序相关。

人生自我的发展，最核心的是前三个阶段，6 岁之前，蕴藏着人生密码，而婴儿期的恐惧，也势必会伴随我们一生，但我们没有理由放弃自我，这或许更加深刻地警示我们需要从自己的童年走出来。事实上，每个人都必须从自己的童年中走出来，才能实现真正的成长。

四、总体评价

埃里克森继承了弗洛伊德的自我心理学观点，同时又根据自己的观点继续创新，他将"同一性"引入了对自我系统的解释。已经个体化的自我组织，要想获得自身的统整性、保持自身的持续性,需要制造出若干个中心点,在防御来自本我的具有危险性质的、不愉快的感受和愿望的同时,能够将人所固有的本我驱力的方向指引到有利于人的生存的"爱与工作"中去。埃里克森将这一过程称作"自我认同",因为它能带给个体一种身份感和统整感,能够让个体发觉自己所为之事具有意义。因而"同一性"使得埃里克森的理论不同于弗洛伊德的理论。

由此,我们就能理解《童年与社会》与自我的联系,同时本书也探讨了社会文化、历史环境和人物心理发展之间的关系。作者在研究一个人的时候,并没有仅仅局限于心理学这一唯一的维度,而是把人放置在三个维度交织的空间里进行透视的。这三个维度,就是上面所提到的生理、心理与社会。

在小男孩山姆和海军陆战队士兵的恐怖症案例中,埃里克森着重讨论的是自我系统在失灵的同时,它所显现出来的组成部分。士兵在被抛弃的恐惧中隐藏着早年所面临的"基本信任 VS 不信任"的危机,小男孩山姆的危机则是作为犹太人被人所歧视虐待所导致的"消极同一性"以及自己对外婆之死的内疚之情,导致了他的怕死和癫痫症状。这些案例都明白无误地显示出自我系统的建构并非是如弗洛伊德所设想的纯生物性质的建构,社会上的阶级地位、所属的群体文化以及原生家庭的环境都共同参与到了整个自我系统的发展和运作之中。

在对印第安部落的人类学田野观察中,埃里克森更关注这些部落的养育方式所带来的后果。埃里克森指出,这些印第安部落对待小孩的方式并非如白人所说的"野蛮",它同整个印第安部落的生产方式有着密切的关系。譬如印第安人之所以不许孩童咬乳头,是为了激发孩童的攻击性,使之成为合格的猎人。而尤洛克人的提早断奶,也与他们的渔猎生活之间存在着某种适应性,在正常条件下,这些养育方式不仅不会造成异常,相反更能适应这些部族所特有的生产方式。

在讨论儿童游戏治疗的时候,埃里克森也指出,游戏是儿童发展同一性的始源,在游戏中,儿童不仅能够将自己的境况投射于游戏之中,更能够发展一种象征性的方式来解决它,并以此获得成就感。因此埃里克森反对将游戏视作"不必要的"的观点,游戏就是意义世界最初与心理世界所交互的桥梁。

在探讨了文化和社会因素对人发展的作用中,埃里克森提出了人生发展的八个阶段,并指出了每个阶段中的具体发展任务和需要解决的危机,有助于教育工作者了解教育对象,采取相应的教育指导,帮助受教育者顺利发展。

五、原文选读

我们讨论的是三个变化过程:躯体的变化过程、自我的变化过程和社会的变化过程。在科学史上,这三个过程分别从属于三门不同的学科——生物学、心理学和社会学,这三门学科分别研究的是有机体、个体心理和社会现象。研究者在研究中获得的是事实和数据、分布和因果关系。

临床问题与我们的偏见不同。我们从治疗学的角度设身处地地研究个体的危机。在这种情况下,我们发现以上提到的三个变化过程从本质上来看是一个变化过程——人类生活的三个方面。每个方面都是同等重要的。

因为在我们这个时代,个体必须决定是继续将童年作为一个制造非理性恐惧的兵工厂,还是将成年和童年的关系以一种更加合理的方式发展为一种伙伴关系。

关于原始社会也有自己的儿童训练系统的发现澄清了一个观点:原始社会既不是人类发展的初级阶段,也没有明显偏离我们引以为傲的进步标准。原始社会是成熟人类生活的一种完整形式,它往往和谐而单纯,有时让我们深感羡慕。

美国移民对印第安人的刻板印象不可能被一些例外动摇,也不可能在争论中消散。尽管美国移民和印第安人之间存在着意识形态上的鸿沟,印第安人却会教导他们的孩子服从白人教师。

我们并不是说孩子在幼年时期受到的待遇塑造了他们成年后的某些性格。毕竟只是拧开儿童训练方法的几个旋钮,还不足以创造出这种或那种部落或民族的性格。

我们必须从相关的事实中找到证据,将一种文化中看起来非理性的问题与另一种相似文化中的相似问题进行对比。

父母只有在孩子的恳求下才可以将孩子的东西送人,这种做法有助于提高父母自己和物主的威望。因为在儿童还不能表达自己行使处置权的意愿时,儿童的财产是神圣而不可侵犯的。

印第安人的每一种教育措施都是被用来发展男孩的自信心的,先是接受母亲的慷慨和保证,然后是接受兄长的训练。他们将成为追逐猎物、女性和某种精神的猎人。

在男孩摆脱了对母亲的强烈依恋后,他们产生了强烈的自主性。他们得到了无限信任,也逐渐学会了以沉默和尊敬的态度来对待母亲。他们显然把所有的挫败感和愤怒都发泄在猎物、敌人和轻浮的女人身上,并在追求精神中磨练自己。

印第安儿童的教育问题,实质上是两种文明的接触问题。造成这个问题的一方是代表了中产阶级价值观的政府雇员,另一方是残存的苏族人(一旦他们摆脱了需要政府救济的地位,他们便会知道自己在这样的制度中处于最底层)。

印第安儿童训练所遵循的原则是:孩子在幼年时可以成为一个利己主义者。父母对孩子(尤其是男孩)的任性不应该表示责备。当孩子开始发展自我与躯体之间、自我与亲族之间的交流时,他们也不会因为残留的婴儿习惯而受到责难。

相比之下,在西方文化中,奉行官僚主义的统治阶级却本着这样一种信念:童年时期对人体的功能和冲动的调节,是个体今后表现正常的可靠保证。为了调节婴儿关于自身及周围环境的经验,人们给易受影响的婴儿和儿童灌输了各种机械呆板的教育。

儿童的早期成长是在成年人愉快和耐心的观察下进行的。父母不急于让小孩学走路或讲话。另一方面,印第安部落没有针对儿童的语言。通常他们首先学的语言就是古老的印第安语。

在社会组织上,尤洛克人几乎没有分层的组织。他们把所有的重点都放在互相警惕大家每天遵守既定的价值观。他们几乎没有"民族"感情,并且他们对各种形式的战争都没有偏好。

自我蜷缩在本我和超我之间。它不断地避开和平衡这两极,自我不断面对这历史的现实、测试认知、选择记忆、支配行动,并综合管理个人的创造和规划能力。

游戏的儿童引出了一个问题:不工作的人不应该玩游戏。因此,为了容忍儿童的游戏,成年人必须发明一种理论,以证明要么童年的游戏真的算是工作,要么那还不算是游戏。

儿童的游戏从他们自己的身体开始,并以此为中心。我们称之为自发性游戏。起先我们不会注意到这是游戏。它以重复性的探索开始,包括感知觉、运动和发出声音,等等。

【参考文献】

1. [美]埃里克森. 童年与社会[M]. 高丹妮,李妮,译. 北京:世界图书出版公司,2018.
2. 刘慧莹. 埃里克森自我同一性理论的文化解析[J]. 社会科学辑刊,2002(3):55 - 59.
3. 郑素华. 论童年的社会位置——基于结构的视野[J]. 全球教育展望,2016(3):25 - 33.

《育儿之心》

推荐版本
书名:《育儿之心》
作者:仓桥物三
译者:郑洪倩,田慧丽,杨剑
出版社:华东师范大学出版社
出版时间:2014 年

一、作者简介

仓桥物三(1882—1955)是日本幼教界儿童中心主义保育的确立人,由于其思想对日本幼教的影响巨大,故在日本享有极高的威望,被誉为日本幼儿教育之父。仓桥先生的幼儿教育思想在日本幼教的发展史上起到重要的启蒙和推动作用,他的地位与中国的陈鹤琴先生相当。因此,了解中国幼儿教育的日本学者也将仓桥先生称之为"日本的陈鹤琴"。

仓桥先生一生都身体力行地倡导儿童中心的、尊重幼儿生活和自由游戏的幼儿园教育。仓桥先生曾任东京女子高等师范学校讲师、教授兼附属幼儿园园长,日本《妇女和儿童》杂志主编,在第二次世界大战后,历任御茶水女子大学教授、名誉教授,还创立了日本保育学会,并任第一任会长。

1919 年,仓桥物三毅然辞去御茶水大学附属幼儿园主事一职,留学欧美,拜访杜威、霍尔、希尔等新教育运动的领军人物,同时还在罗马学习观摩了蒙台梭利的"幼儿之家"，深入研究当时欧美最为先进的幼儿教育理念。归国后，仓桥物三总结欧美新教育运动的精髓，提出日本本土化幼儿教师观。他反对当时幼儿教师将福禄贝尔的恩物教学形式化、具体化，指出教师应尊重幼儿的自发性，提倡教师将儿童作为活动的中心，将幼儿自身的生活作为教育的核心。

仓桥物三在大量实践积累的基础上，著有十余部著作，几乎所有著作都涉及幼儿教师，其中《幼儿园真谛》《育儿之心》等至今仍是日本幼儿教师必读的经典著作。正如日本现当代幼儿教育界泰斗坂元彦太郎所说，"我国（日本）的幼儿教育，即便是现在，依然在他（仓桥物三）所铺设的路上前行。"

二、内容简介

《育儿之心》一书主要有三大章，内容分别为"置身于孩子之中""母亲物语"和"研究孩子的习性"。其中第一章"置身于孩子之中"从孩子的视角写出了孩子的世界，孩子们是如何认识这个新奇的世界，置身于孩子之中是一件多么奇妙的事情。第二章"母亲物语"写了几个关于母亲的问题，包括关于家庭教育方针的一致性、提倡家庭聚会等，也提出了母亲的成长话题。第三章"研究孩子的习性"则更加注重孩子常有的几个坏习惯，如拖拉、吃零食、偷东西等，这部分内容强调要分析问题的原因，而不能一味地责怪。

《育儿之心》与《幼儿园真谛》有很大的不同，其内容不是严谨深刻的教育理论，与其说是教育著作，不如说是一位置身于孩子中而被激发出思想与情感的教育者的随笔。仓桥先生基于孩子的鲜活现实，把自己对于孩子心灵的透彻理解向我们娓娓道来。他分析了各种不同类型的孩子，把孩子精神层面的发展及其各种行为表现剖析得非常深刻。仓桥先生毕生追求让幼儿能够真正像幼儿那样生活的幼儿园，反对"仅以设定的目标来制定一切计划，要么强迫性地压制幼儿，要么强制性地拖着幼儿团团转"；倡导教师一定要克制目标至上的不恰当地干预幼儿的教育冲动，"既重视教育目标又尊重教育对象"，以"幼儿在具有自由感的生活中充分地自我充实为'教'的前提"。

在《育儿之心》的"置身于孩子之中"这一部分，仓桥先生既像一位画家在写生，又像一位学者在思考。用他的话说，"是把五年中每个月所写下的感想进行挑选，然后按一定的顺序进行整理而已。虽然都是些微不足道的感悟，但能通过这样的方式从孩子们的身上获得它们，为作者，真可以说是最幸福的人了。"本书最后《名画中的孩子们》这一部分，是仓桥先生年轻时对名画的感悟的记录。虽然是旧稿，但对于一直铭记着从文学和艺术中学习关于儿童和教育问题的仓桥先生来说，这些名画是他无法忘却的最初的良师。在阅读这些文字时，仿佛在聆听着仓桥先生讲述自己对孩子、对教育的非常基本又非常深刻的理解和感悟。从世界名画的角度来思考孩子、理解孩子，对我国幼教工作者来说，也许是打开一扇新的窗户或一个新的视角。

三、内容解读

仓桥物三在《育儿之心》中认为"想要亲手抚育孩子,让其茁壮成长,这就是所谓的育儿之心。"该书全面论述了作者对育儿之心的认识。

(一) 置身于孩子之中

1. 《汗》

"汗流浃背地工作"这样的话语,在大人世界中是用来赞美辛勤劳动的。如果把孩子们的游戏生活看作同大人们的现实生活一样有价值的话,那孩子们的汗水当然也与大人的劳动汗水同样珍贵了。

没有玩出汗的孩子,不会玩耍的孩子,为了不出汗而被强行要求只能安静地坐着的孩子,出了汗会被批评的孩子,没有一种是值得称道的孩子的生活。每一个孩子都应该让他们酣畅淋漓地流汗,这样才是孩子们应该过的生活。

同样,在六月的阳光下,同流汗的孩子们共同游戏的各位老师们所挥洒的汗水也是同样珍贵的。

孩子的活动需要被认可,不论是认真游戏还是随意玩耍的孩子,都应该被尊重甚至被鼓励的,尊重他们的天性即是教育。

2. 《流露出的真实性》

你所拥有的珍贵、美丽、聪明的东西,孩子们是无法完全接受和传承的。这也意味着,你煞费苦心地想要感化他们,但这种感化力可能影响不了多少。相反,你的缺点尽管在孩子们面前隐藏或遮掩,他们却可能模仿。他们并不都是有意识地这样做,大多是无意识地造成的后果,这样的情况并不少。

但是有一样东西,无论多么小的孩子,都会捕捉到,那就是你内心深处所流露出的真实性。不需要什么方法和任何技巧,只是在某一天,在某个时候,你无意中流露出的真实性,会在孩子的心里留下深深的影响。同样,你内心的虚伪与不真实也会无声无息地被孩子纳入心中,使孩子的心变得不真实。

大人想要给予孩子美好的东西,显于日常生活之中才能给孩子有美好而真实的体验。

3. 《惊讶之心》

哇! 在这样的地方竟然也长出了嫩芽!

旱田中的豆子竟然冲破坚硬的土地的束缚,冒出了嫩芽。

在丛林中,竹笋顶开坚硬的地面,猛地露出尖尖角,以惊人的速度生长着。

成竹之势是多么惊人啊!

啊! 这个孩子竟然有这样的力量……

啊! 那个孩子竟然有那样的力量……

在表现惊讶之心时,教育者就宛如诗人一般。

如果失去了惊讶之心,诗也好,教育也好,都不过是徒有美丽的外壳而已。

人们都是对外界事物有好奇心,有了好奇心才能学会探索,孩子们的探索能力是无穷的,教育者应该鼓励。

4.《活力》

要想成为孩子们的朋友,最重要的就是要使自己充满活力。与其说是必要,倒不如说如果缺乏活力和生命力的话,即使待在他们身边,也会有罪恶。因为这样的话,我们不仅给不了孩子们所需的生命力,甚至还会削弱他们的生命力。

不仅你的眼神、你的声音、你的动作都要充满活力,你的感受、想法、追求等所有的一切都必须充满活力和生命力。无论多美丽的感情、多正确的思想、多强有力的性格,如果缺乏活力和生命力的话,即使待在孩子身边,也不会对他们产生任何影响和意义。

麻木迟钝的东西就接近于死亡,每时每刻都会侵蚀孩子们的心。没有活力的迟钝的心,在孩子们的身边是没有存在的余地的。

孩子的成长需要新鲜的事物提供力量,以拓展他们的认知面。不论什么样的个体,一直守于现在是毫无意义且令人麻木痛心的。

5.《五月》

多么旺盛的生命力呀! 田野里、庭院里,一棵接着一棵冒出头的嫩芽,正在以惊人的速度生长,这成长的势头每天都让人感觉惊讶。

而孩子们旺盛的生命力丝毫不亚于植物的生长力。虽然每天都陪伴在孩子身边,但我每天都惊讶于他们成长的速度。不仅仅是想让他们成长,也不仅仅是期待着他们的成长,而是对于眼前旺盛的生命力感到惊讶的心——这就是五月的内涵,也是教育的意义所在。

我们一直期待的是永远充满活力,阳光、积极成长的孩子。永远需要对教育、对孩子的成长有敬畏之心。

6.《阴凉处》

想要给孩子们灿烂的阳光,也想要给他们安静的阴凉处。

夏日的阳光太强烈,而此时,繁茂的树叶为我们带来了树荫。自然界想得多么周到、多么细致入微! 在激励我们的同时,不忘给我们带来贴心的照顾;在不断地给我们加油鼓劲的同时,不忘为我们提供休息的场所。

在烈日下奔跑,在阳光下散发无限活力的孩子们,忽然来到树荫下,微笑着,向我们露出了平和的神情。没有充满阳光的地方的话,孩子们将无法生存;然而,只有阳光的话,孩子们也无法生存。孩子们要在充满阳光的地方生活,同时,也要受到树荫的庇护。

教育者要在给孩子们带来足够阳光的同时,适时地成为他们的树荫。

(二) 母亲物语

《宽容的母亲、严厉的母亲》

点餐时,若对一个做菜不用心的厨师说"不要太甜,也不要太咸",最后就会变得索然无味,可能会做出一份淡而无味的汤。同样的要求,若是对一个热衷于厨艺的厨师说,结果可能就不同了。如果糖放多了他可能就会放盐,盐放多了又再放糖,最终做出一份味道很浓的汤。

那位母亲属于哪一类呢？如果像第一位做出来的汤淡而无味的话，那么在家庭教育方面大概也是轻描淡写甚至是索然无味的吧；如果像第二位那种做菜很严谨、凡事很执着的话，那么对待家庭教育，大概也会看得很重、很细致吧。虽说是调一下味道的咸淡，但是不仅仅要注意调味料的分量，还必须考虑到菜的整体味道。

味道淡的话，虽然不够美味，但是不会破坏食物原有的味道。若以教育类比，也就是说，能让孩子在原本的生活中顺其自然地发展，虽然没有味道，不能称之为菜，但是总的来说，味道淡的话相对来讲不太容易招致非议。味道浓的话，如果调配得当会很美味，但却容易在大杂烩般烹调的过程中失去食物原有的味道。

若比作教育，就好像在那样的家庭中，经常会看到孩子们在教育方面由于受父母这样那样的要求，而失去自我的情形一样。因此，做菜时味道较浓的话，就必须要考虑咸淡的问题。反过来讲，在考虑味道是甜还是咸之前，首先要考虑的是味道是否过浓。

甜味和咸味都是必须的，因为只有有了这两种味道才能称为菜，教育也是一样。但无论是其中一方面还是两方面，一旦过度，就会破坏事物原有的味道。偏向一方固然不好，但是即便两方面调配均衡了，如果味道过浓的话，也会失去原有的味道。

教育必须很好地考虑到对方的实际情况，但是与此同时，如果不能很好地认清自己，也会产生意想不到的程度差异。理论上讲，教育方针的严厉和宽容是能够进行简单调节的。但是，自己究竟是宽容的母亲，还是严厉的母亲呢？这只有通过母亲自己不断反省才能知道自己的实际情况，从而对自己进行调节了。

四、总体评价

《育儿之心》一书通俗易懂。通过记录作者自己的生活感受，从孩子的身上获得育儿感悟，从自己的经历学习关于儿童和教育者的经验，用生动的语言向读者传达自己对于儿童和教育的最基本的理解与感悟。

该书从母亲的视角指出，作为母亲，从孕育小生命开始，就不断寻找书籍，能够对育儿有所帮助的书籍，能够用科学育儿观指导我们如何去养育孩子，从生理到心理。从孩子的视角，去告诉大人正常会忽略以及习以为常的问题，切实让大人从孩子的角度去为孩子多想多做一些，尽量减少因为自己下意识的言谈举动对孩子造成的不良影响。从专家的角度指出问题、分析问题、解决问题。如何对孩子进行教育、如何协调地在一个大家庭里对孩子进行一致性教育。鼓励长辈们放手，让年轻妈妈们用自己的理念、自己的方式去养育下一代，拥有足够的自主权与主动权。

父母都希望自己来亲自抚育孩子，让孩子茁壮成长，感受育儿路上独有的那种忧虑、快乐、不安、愧疚和满足等感受交织在一块的复杂体验。作为养育者的他们，也必将在这个过程中，心灵得以成长。

细细剖析下，现实中很多的育儿问题，往往是大人从自己的角度来定义的，很多时候并没考虑顾及到孩子的发育特点或心理感受，没有了解到孩子行为背后的真正动机。很自然的,大人的需求与年幼孩子的需求差别很大,亲子矛盾也会随着时间而产生甚至得以积累。

该书指出:育儿之心,是在每每看到熟睡中孩子的娇小脸庞时,大人心中所漾起的幸福感,希望孩子可以无忧无虑,快乐平安过一生;育儿之心,是能试着理解孩子内心的种种欲望或需求,为他们创造属于自己的小小天地,给予舒适和安全的环境,让他们做自己想做的事;育儿之心,是当孩子的愿望和现实差距很大时,大人能够及时给予其心理的调适,并主动和孩子一起想办法,一起参与下一步的行动实施,给予必要的协助和鼓励。纯粹育儿之心,需要从孩子的心理和需求出发。

五、原文选读

这样的眼睛啊,请永远不要因为困惑和不知所措而变得浑浊;这样的眼神啊,请永远不要因为虚伪和谎言而变得歪曲;这样的容颜啊,请永远不要褪去明朗的光辉;这样的额头啊,请永远不要失去豁达和舒展。

孩子们的脸庞,是多么的清新自然、纯洁无邪啊! 即使是在正午的阳光下奔跑着、玩乐着,也让人感觉无比清爽。

慢慢悠悠、毫不焦急的心让人感觉清新没有苦闷、不积压烦恼的心让人感觉清新。郁积的抱怨、永无止境的贪念、闭塞的固执己见、被粉饰的伪装,只是想想就让人觉得烦躁不堪。然而在孩子身上却看不到任何一点。

忘我,活在当下的认真,汗流浃背也浑然不觉热的孩子的脸庞。刚刚还一个劲地去抓鸣叫的蝉,现在又若无其事将其放生的孩子的脸庞。这并不是参透佛道的结果,而是源于孩子们那无欲、无邪的心灵。

与孩子们相比,我们的脸让人感觉多么的烦躁啊!

充满着牢骚,怀着不满心情的大人们就好像孩子们身边的毒药一样,腐蚀着孩子们的心灵与生活。他们凶恶粗暴的表情、尖锐的目光、带刺的语言,深深地伤害着孩子们柔弱的心灵。

无论多么小的孩子,都会捕捉到,那就是你内心深处所流露出的真实性。不需要什么方法和任何技巧,只是在某一天,在某个时候,你无意中流露出的真实性,会在孩子的心里留下深深的影响。同样,你内心的虚伪与不真实也会悄无声息地被孩子纳入心中,使孩子的心变得不真实。

在我们不经意闪过的眼神中,不经意说出的话语中,不经意涌动的情绪中,夹杂着我们都注意不到的严厉。这是一瞬间的事。即使马上察觉到,立刻改正,但刺始终是刺,总会在不经意间扎疼别人。只是突然那么一下,却足以刺伤对方的肌肤。

如果自己都不知道自己的不足之处的话,是无法把事情做好的。越是知道自己的不足,就越会介意对于自己尽力就可以做好的事,自己是否真的尽了全力。

发芽也好,生长也好,自然的力量也好,这都是花草自己的事。而对于我们来说,需要留下一点担心和害怕。如果任凭花草自身的能力生长,而忘了自己对于花草的关心与照料,那就是我们的迟钝、怠慢和粗暴了。

正是我们大人,让孩子们看到了阴沉的脸。说着,"怎么又下雨了?"这种无用的话,让孩子们听到了这样的小声抱怨的也正是我们大人——孩子们总是在不经意间从大人身上学到一些他们原本可以不知道的事情。如果大人们不教孩子的话,可能他们也不会因为六月的雨而感到烦闷、苦恼。

在向阳处没有阴暗,没有寒冷。明亮,温暖,足以打开并溶解人们的心。它不顾自己,亲近别人。不会觉得困,也不会过度清醒,不会离开,也不会抱紧你。他有的只是从容不迫,没有你我之分。张开胸膛,彼此靠近,伸出双脚,挽起双手,悠闲地聚集在向阳处。

也有些人,无论何时遇见,无论时隔多久,作为一个母亲都完全没有长进。而且这些母亲,经常都打扮得漂漂亮亮,悠然自得,但是她们作为一个母亲,很多时候是靠不住的,而且更让人苦恼的是,正是这些不成熟的母亲,却总是很有自信地以为自己非常优秀了。

所谓母亲,即是孩子的母亲。所谓亲子,那是一种很自然的关系。源于这种自然关系的父母心,是每个父母都拥有的。这被学者称为母性或抚养本能等,总之是很坚毅的父母心。父母对孩子来讲是必需的也是很重要的,因为他们给孩子带来的这种自然的父母心,是除了父母以外其他任何人都没有的。

针对孩子的性格。既需要宽容对待使其放松,也需要严格对待使其紧张。如果用严厉的方式去对待那些生性好强、固执,甚至有些反叛的或说话总是带刺的孩子的话,会使关系变得更僵。必须用温和亲切的言语,来平复和放松孩子敏感的内心。

与此相反,对待那些懦弱的、没有主见的,做事总是磨磨唧唧、稀里糊涂的孩子,有必要严格谨慎地对待。但是,其中还是存在一个尺度的问题。如果对于一个性格懦弱的孩子过于严苛的话,他会变得更加懦弱,会出现怪癖认生的性格。面对这样的孩子,是最难掌控好宽容和严厉的程度的。

在大部分家庭里,父母无法从早到晚只忙于照顾孩子,他们还有其他的事情需要兼顾。养育孩子这种非同一般的辛苦和忙碌是众所周知的。但是另一方面,我们也不能忽略下面这一点,那就是很多时候,家里照顾孩子的人太多,对孩子来讲,这种情况往往会成为一种很大的伤害。

缺乏独立性格的孩子,如果一生都被保护着,一旦到了险恶的社会,那就一定会像没有轴的车从山坡上滚下来,或是像没有舵的船在波浪中漂流一样失去方向感,不知所措。"抛弃娇生惯养的孩子"说的正是这个道理。

也许我们可以给自己的孩子留点财产,如果可以让他们多点东西,那就更好了。但是这些都比不上让孩子养成独立的性格来得重要。事实上,只给他眼前的安乐,不培养他们的独立的性格,这对于自己的孩子来讲是最不好的事。

如果是像前面所提到的有很多人口的大家庭的话,必须事先约定好规则,在有关孩子的事情上,无论如何母亲都是第一主权者。即便母亲很年轻,奶奶等人觉得把孩子托付给她不放心,但是为了孩子好,还是必须那样做。父亲也是一样,舅舅们也是一样。

同时,为了孩子们更好地成长,也有必要经常召开家庭会议,听听大家的意见。但是在和孩子进行实际交流的时候,无论如何都希望大家能够尊重母亲的意见。此外,作为母亲,如果有什么不明白的地方也必须经常向有经验的奶奶征求意见,尤其是要倾听和尊重父亲的教育方针,当然也可以和舅舅们真诚地进行商量。

但是,母亲必须有绝对的信念,坚信自己作为母亲对于孩子有绝对的责任和权利。这正是母亲之所以称为母亲的原因,这绝不是好出风头,也不是傲慢无礼。即便在其他方面可以有所牺牲,有所让步,但是为了孩子真正的幸福,有些方面一步都不能退让。另一方面,母亲如果只是莽撞地执行自己主张的话,也会变得毫无意义。

丈夫责备妻子,妻子责备丈夫,父母责备孩子,孩子责备父母,如此这般如何能形成家庭凝聚力呢?反倒会让彼此感觉很费劲、很累吧。只有不断地相互忍耐,相互体谅,才能产生团结一致的家庭凝聚力。

所谓的家庭教育,在我看来,是指家庭生活给予孩子的教育。讲得冠冕堂皇一点,就是指实现家庭生活本身所拥有的自然的教育效果。

有时候作为孩子谈话的聆听者,是孩子身边学习上的帮助者,有时又是孩子烦恼的诚挚的共鸣者。作为母亲,必须始终坚持真诚地和孩子进行交流,这样做并不是为了教育孩子或者解决问题,教育孩子和解决问题或许可以让其他人来做,和孩子交流只是为了给予孩子一种只有父母才能给予的亲情。

对于嘴馋,古人给予了很好的解释:并不是为了吃而吃,而是为了嘴在吃。这句话把实际情况非常巧妙地表达了出来,即并非是肚子饿的缘故,而是习惯不好。

谎言是看上去好像是把对方困在了谎言里面,但是实际上是把自己整个地困在了谎言里面,是把自己埋藏在谎言里面,模糊了自己的存在。

【参考文献】

1. 仓桥物三. 育儿之心[M]. 郑洪倩,田慧丽,杨剑,译. 上海:华东师范大学出版社,2014.
2. 仓桥物三. 幼儿园真谛[M]. 李季湄,译. 上海:华东师范大学出版社,2014.
3. 张薇,宾户健夫. 陈鹤琴和仓桥物三幼儿教育思想之比较[J]. 幼儿教育,2003(4):16-17.
4. 王欢星. 仓桥物三诱导保育思想研究[D]. 华中师范大学,2017.

主题四　儿童发展

当儿童的好奇心已形成了求知的欲望时，教师必须知道如何传授知识；当儿童由于缺乏询问的态度，把学习看作是负担，探索精神大为减弱时，教师必须知道如何停止传授预定的知识。

——杜威《我们怎样思维·经验与教育》

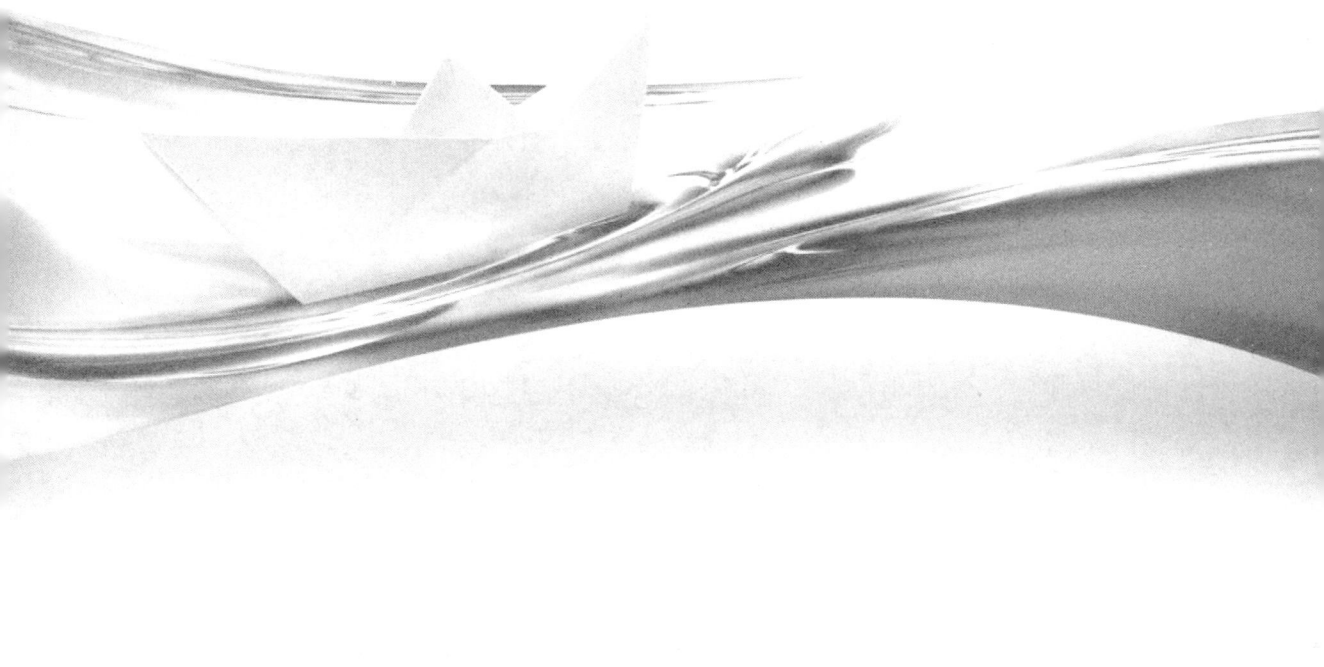

《我们怎样思维·经验与教育》

推荐版本

书名:《我们怎样思维·经验与教育》

作者:杜威

译者:姜文闵

出版社:人民教育出版社

出版时间:2004 年

一、作者简介

约翰·杜威(John Dewey,1859—1952 年)是美国早期机能主义心理学的重要代表,著名的实用主义哲学家、教育家和心理学家。杜威是 20 世纪上半叶美国最著名的学者之一。2006 年 12 月,美国知名杂志《大西洋月刊》将杜威评为"影响美国的100 位人物"第 40 名。

杜威于 1879 年毕业于佛蒙特大学,后进霍普金斯大学研究院,师从皮尔士,1884年获博士学位,此后相继在密执安大学、芝加哥大学、哥伦比亚大学任教。1919 年 5月—1921 年 7 月,杜威到中国讲学,在北京、上海、山东、山西、江苏、浙江等 13 个省市演讲数十次,对中国现代思想、文化,尤其是教育产生了重大的影响。胡适曾说:"自从中国与西洋文化接触以来,没有一个外国学者在中国思想界的影响有杜威这样大。"此外,杜威还去了苏联、土耳其、南非及墨西哥等地。

主要代表作有《民主主义与教育》《哲学的改造》《人类本性及行为》《经验与自然》

《确定性的追求》《艺术即经验》《逻辑：探求的理论》《公众及其问题》《人的问题》《我们怎样思维·经验与教育》等。

二、内容简介

《我们怎样思维·经验与教育》包括《我们怎样思维》和《经验与教育》两部分内容。其中《我们怎样思维》共包括十九章，分为思维训练的问题、逻辑的探讨和思维的训练三个部分。

（一）第一部分：思维训练的问题（第一章至第四章）

这一部分主要回答什么是思维、为什么把反省思维作为教育的目的、思维训练中的天赋资源、学校情境与思维的训练。

杜威认为思维起源于某种疑惑、迷乱或怀疑。最好的思维方式是反省思维，这种思维是对某个问题进行反复的、严肃的、持续不断的深思。反省思维与一般所谓的思想具有显著的不同，反省思维包括：引起思维的怀疑、踌躇、困惑和心智上的困难等状态；寻找、搜索和探究的活动，求得解决疑难、处理困惑的实际办法。反省思维通过现有的事物暗示了别的事物（或真理），从而引导出信念，此信念以事物本身之间的实在关系为依据，即以暗示的事物与被暗示的事物之间的关系为依据。在整个反省思维的过程中，居于持续的和主导的因素是解决疑惑的需要。问题的性质决定思维的目的，而思维的目的则控制思维的过程。只有人们心甘情愿地忍受疑难的困惑，不辞劳苦地进行探究，他才能有反省的思维。思维训练中的天赋资源包括好奇心、暗示、秩序。形成反省思维的方法就是在于建立能引起和指导好奇心的各种情境。

（二）第二部分：逻辑的探讨（第五章至第十三章）

这一部分主要论述反省思维的过程和结果、推论和检验的实例、反省思维的分析、判断在反省活动中的地位、理解观念和意义、系统的方法（事实和概念控制、推理和概念的控制）、经验的思维和科学的思维。

学习就是要学会思维。教育在理智方面的任务是形成清醒的、细心的、透彻的思维习惯。思维活动是从疑难的情境到确定的情境。思维是由直接经验的情境引起的。反省思维的功能是把经验含糊的、可疑的、矛盾的、某种失调的情境转变为清楚的、有条理的、安定的以及和谐的情境。反省思维包含观察、暗示，在反省中，材料和观念是相关的、不可或缺的因素。反省思维的五个阶段或五个方面是暗示、理智化、假设、推理、检验。判断是思维的组成单元，良好的思维习惯，其核心在于恰当的、精确的判断能力。分析与综合是判断的两种功能。概念是确定的意义，概念使我们具有类化的功能，使我们知识标准化，帮助我们认识未知的事物，而概念起于经验。

（三）第三部分：思维的训练（第十四章至第十九章）

这一部分主要论述活动与思维的训练、从具体到抽象、语言和思维的训练、思维训练中的观察和知识、讲课和思维训练。

思维被用来作为一种手段，去达到超乎它本身之外的某些美好的或有价值的目的时,它就是具体的,而到思维仅被用作达到更深层的思维的手段时,它就是抽象的。从具体到抽象主要从实际操作开始,把兴趣转移到理智,培养思维的爱好。

《经验与教育》共八章内容,主要针对传统教育和进步教育做了精辟的分析,总结、修改和完善他的关于经验的理论。杜威十分重视学生个人的经验,强调教育与个人经验之间的有机联系,其中一句"教育就是经验的改组或改造"影响很多人对学生的学习进行重新审视,特别是"做中学"和"教育即生活"。

《经验与教育》指出问题在于探索怎样把过去的知识转化为处理未来问题的工具。以经验为基础的教育,其中心的问题是从各种现实的经验中选择那种在后来的经验中能够丰满而具有创造性的生活的经验。教育即生长,生长即教育。

三、内容解读

(一)《我们怎样思维》

《我们怎样思维》在第一部分里谈了思维的定义、思维训练的必要性以及思维训练中的困难和目的。这些都是关于思维的一般性讨论。第二部分充分说明了思维的性质及成长状态,并从逻辑上鉴别判断、意义、推理、具象思维与抽象思维、经验思维和科学思维。第三部分提出从活动、语言、观察以及课堂教学方面来发挥儿童的好奇心,培养他们科学的思维方法。本书主要从两个方面给读者提供了思考,即教育层面和思维层面。此外,杜威自身的教育理念在本书中也得到了具体的体现。

在开始部分,作者提到了目前普遍意义下对于"思维"的四种不同定义:头脑中任何零碎或者一掠而过的想法;通常以情感为纽带,来自某些非直接感受到的事物的联想;立足于某些未受过检验的信念;同样是立足于某种根据的信念,但会有意识地思考这一信念的意义。以上四种类型的"思维"都可以从实际生活中找到对应的例子。

针对第一种思维,这对于大部分人来说其实是最常见的状态,在我们没有有意识地去整理自己的知识体系的时候,我们头脑中出现的知识其实大部分都是碎片化的,这些信息会在受到外界刺激后在我们的脑海中闪现出来,或许是一闪而过的记忆,或许是突然迸发的灵感。

而第二种思维最具代表性的表现形式是"故事",它虽不像上一种思维那样杂乱无章,却也并不是致力于获取真理或知识的信念。听众在听故事的时候更强调感受,虽然偶尔也会激发出思索,但这种思索顶多也就成为引发严谨性思维的前奏。

第三种思维和第四种思维均是立足于某种根据的信念,但区别在于这种根据是否经过检验。很多时候,这些未受检验的先入之念会通过很多我们不被注意到的渠道,不知不觉被我们接受下来。事实上,这种潜移默化、先入为主的信念无处不在,它们或许是某种权威的见解,或许是来自我们周围的传统观念或是长辈的教诲。因此,时刻保持一种清醒的批判性思维去看待自己现有的知识体系是十分有必要的。

在杜威看来,思维的中心因素其实就是推理,并且在这种推理过程中必然包含一种困惑的状态以及思考后否定或证实自己结论的信念。因此,要像这样认真的思考的确是要费些精力的,而像前两种思想状态,几乎毫不费劲,当然也产生不了什么实际价值。此外,保持批判性精神和怀疑心态便要求我们要克服自身的惰性,敢于搁置自己的见解,然后在不断进行系统的持续的探索。

(二)《经验与教育》

《经验与教育》主要从以下几个方面总结、修改和完善关于经验的理论:传统教育与进步教育的对立、需要一种经验的理论、经验的标准、社会的控制、自由的性质、目的的意义、进步教材组织、经验教育的方法与目的,对传统教育和进步教育做了精辟的分析。

杜威就当时学校的实际情况来看,指出传统教育和进步教育二者之间的对立关系。所谓新教育和进步学校,就其本身而言,是对传统教育感到不满意而兴盛起来的。实际上,新教育和进步学校的兴起就是对传统教育的一种批评。传统教育本质上是来自上面的和来自外部的灌输。它把成年人的标准、方法强加给正在缓慢成长而趋向成熟的儿童。它所规定的教材、学习和行为的方法,不适合儿童的现有能力,二者之间差距极大。这些教材和方法,超出年轻的学习者的已有经验范围,是他们力不能及的东西。那些教材和行为规则被硬塞给儿童。

传统的学校仰赖科目,以文化的遗产为教育的内容;而新学校则重视学习者的动机和兴趣,以变迁的社会时兴问题为教育内容。这二者价值观念都很重要,但是,若只倚重其中一套,则一定有所偏失。健全的教育经验应该是兼重两者,尤其应该重视学习者和学习内容之间的联系性与互动性。传统的课程重视教材内容的组织和学科结构的建构,但是却忽视了学习者原本具有的潜能和兴趣。

以个人经验为基础的教育,可能意味着成年人和未成年人之间的接触比在传统学校中所曾有过的接触更为频繁而且更为密切。关键问题是,怎样建立这些接触而又不违反通过个人经验来进行学习的原则。解决这个问题,需要考虑对形成个人经验具有深刻影响的各种社会因素。在教育过程中,需要儿童和教育者有更为频繁和密切的接触,包括日常生活、对话、行为指导、创造环境等。

以经验为基础的教育,其中心问题是从各种现时经验中选择那种在后来的经验中能够丰满而具有创造性的生活的经验,这些经验需要有连续性。要使学校的工作有一个新的方向,就需要一种首尾一贯的经验理论,这是一个缓慢而艰苦的过程,这个过程就是生长。在这个过程中,有许多障碍物妨碍生长并且使生长偏离征途走在错误的路径。

将知识应用到日常生活,具有长期的、连续性的、可实用的原则、计划、步骤和方法,是更为重要的。教育者不必从事强迫性的灌输,就能指导儿童的经验。教育者的主要责任是不仅要通晓环境条件所形成的实际经验的一般原则,而且也要认识到在实际上哪些环境条件有利于引导生长的经验。

最为重要的是,他们应当知道怎样利用现有的自然的和社会的环境,并从中抽取一切有利于建立有价值的经验的东西。教育者需要为儿童创立适合的环境,包括物质环境、社会环境、人文环境。这些环境需要考虑孩子当时的发展阶段、兴趣点、思维成熟度等因素。

四、总体评价

《我们怎样思维·经验与教育》一书由姜文闵翻译,人民教育出版社出版。全书分为《我们怎样思维》和《经验与教育》两部分。围绕学校与社会、教育与生活、教育与经验的关系问题展开论述,深刻反映了杜威的实用主义教育思想,对于了解和研究杜威的教育思想具有重要意义。

书中,杜威对反省思维进行了界定,阐述了学校情境和思维训练的关系。杜威认为,他人习惯对受教育者来说有很大的作用,在教育过程中榜样比训导更为强大有力,教师是思维做出反应的促进因素,教师人格的影响和课业的影响是完全融合在一起的。教师的职业劳动有强烈的示范性,这种示范作用是一种无声的强有力的教育力量。

杜威认为,教师的作用应该包括三个方面。第一,教师是领导者。传统教育中,教师被看作是独裁的统治者,而现代教育中,教师有时被看成是微不足道的因素。实际上,教师应该是具有广博知识和成熟经验的领导者,不应过分关注儿童的需求,而忽略教师的引导、指导作用。

第二,教师要有丰富的知识。教师要成为领导者,需要具备大量的知识。教师的知识应该比教科书上的知识更为广博。教师要触类旁通,以此应对一些偶发事件。教师要对所教学科非常热忱,并将这种热忱传给学生。

第三,教师要有专业的知识。教师不仅需要所教学科的知识,还要具备教育技术性的知识。教师凭借专业知识,观察学生的反应,了解学生的学习状况,及时有效地给予学生适当的指导。

杜威将学科划分为三类:获得实践技能的特殊学科;获得知识的"知识性"学科;注重抽象思维的"推理的""训练性的"学科。在杜威看来,训练性学科可能会脱离实际,技能性学科容易变成纯机械式的,知识性学科可能无助于发展智慧。

杜威认为,理智的学习包括积累知识和记住知识,但如果不首先理解知识,那么所积累和记住的知识就不会在头脑中保持下去,形成自己的知识。如何真正学到知识,是需要我们理解其真正的原理,领会其中的要义,并且能在学习后通过各种方式不断回忆这些知识,这里所说的方式不仅包括单纯的回想,也包括对这些知识的再利用,如利用这些知识找到与新知识的共同之处,学习新知识;利用这些知识解决实际问题,应用到实际生活中,这都是对知识的回忆。所以利用反省思维学习,可以使学生真正获得知识财富。

总之,杜威提出的反省思维,也被称之为"科学的思维",受到了赫尔巴特"明了—联想—系统—方法"的思维过程的影响,反省思维的提出对于教育研究具有重要的意义,被作为"五步教学法"或"问题解决教学法"而广泛引用。

五、原文选读

那些懂得什么是较好的思维方式,并且知道为什么这些思维方式比较好的人,只要他愿意的话,他就可改变他个人的思维方式,从而使思维变得更有成效;这就是说,按照这种思维方式,他们就能把事情搞得好些,而按照其他的心理活动方式去办事,就不能取得同样好的效果。

反省思维(reflective thinking)是对某个问题进行反复的、严肃的、持续不断的深思。

教师所做的每种事情以及他们采取的方式,都引起儿童这种或那样的反应,而每种反应都使儿童养成这样或那样的态度。

教师对学生的道德和礼貌、特性、语言和交际习惯等具有影响,其影响的程度几乎是被普遍公认的。

任何教师,只要对在正常儿童自然经验中发生作用的思想模式加以细心体察,那么,他就不会把逻辑的和现成的教材组织混为一谈,也不至于为了避免这一错误,而不去注意逻辑的要求。

讲课要达到哪些目的呢? 一般说来有三项:(1)讲课要刺激学生理智的热情,唤醒他们对于理智活动和知识以及爱好学习的强烈愿望——这些主要是指情绪态度上的特征;(2)如果学生具有这种兴趣和感情,并且相应地受到鼓舞,那么,讲课就会引导他们进入完成理智工作的轨道,就像把一条潜力很大的河流,导入一条专门的路线,以便用来磨碎谷物,或使水力转变为电能;(3)讲课要有助于组织理智已经取得的成就,验证它的质和量,特别要检验现有的态度和习惯,从而保证他们将来的更大的效果。

当儿童的好奇心已形成了求知的欲望时,教师必须知道如何传授知识;当儿童由于缺乏询问的态度,把学习看作是负担,探索精神大为减弱时,教师必须知道如何停止传授预定的知识。

理智的学习包括积累知识和记住知识。但是如果不理解知识,那么,知识便成了一堆未经消化的负担。只有理解了的东西才称之为知识。

所谓理解和领会,意思是指都能够把握已获得的知识的各个部分彼此之间的关系——只有不断地对所学的东西进行反省的思维,才能达到这种结果。

字面上的、机械的记忆和老作家们称之为"明智的记忆"之间有着重要的区别。后者使人了解保持知识和回忆知识的各种关系,因而,它能够把知识运用到新的情境中,而字面上的记忆则完全做不到这个地步。

一个动物如果它什么也不能理解,那么至少它也不会有错误的理解。但是,人类是通过推断和理解,通过判断事物之间的内在联系而获得知识,这样就经常会出现错误的领悟、错误的理解、错误的设想——即有把一件事物搞错的危险。

误解和错误经常来源于意义的不确定性。因为意义模糊,我们便对于别人、对事物和对我们自己产生了误解;因为意义不明确,我们便产生了曲解和走入歧途。

由柏拉图率先提出、福禄贝尔继之再度提倡的学说,都认为游戏是儿童幼年期主要的、几乎是唯一的教育方式,这并不是故弄玄虚或什么秘密的主张。

游戏态度比游戏本身更为重要。前者是心智的态度,后者是这一态度的现时的外部表现。

　　当事物被简单地看作是暗示的媒介物时，所被暗示的东西就超越了原来的事物。因此，游戏的态度就是一种自由的态度。有了这一态度，人们就不必再拘泥于事物的物质特性，也无须关心一件事情是否真正"意味着"他所比拟的东西了。

　　工作和游戏的分离，结果和过程的分离，造就了对理智的危害，有谚语为证："不游戏，光干事儿，小孩变成傻宝贝儿。"相反，如果儿童仅有游戏而无工作，事实将充分表明，傻淘傻闹是近于愚蠢的。

　　既爱游戏，同时又严肃正经是可以做到的，这正是理想的心智生活的状态。理智的游戏具有开通的大脑，相信思维的力量，保持思维的完整性，不受外部的诱惑或专横的限制。

【参考文献】

1. ［美］杜威.我们怎样思维·经验与教育［M］.姜文闵，译.北京：人民教育出版社，2004.
2. 郅庭瑾.关于"我们怎样思维"的教育学探索——从赫尔巴特到杜威［J］.华东师范大学学报（教育科学版），2002(3)：27-37.
3. 丁道勇.我们怎样思维：信念结构理论及其应用［J］.全球教育展望，2013(1)：95-104.

《思维与语言》

推荐版本

书名:《思维与语言》

作者:维果茨基

译者:李维

出版社:北京大学出版社

出版时间:2010 年

一、作者简介

列夫·维果茨基(Lev Vygotsky,1896—1934 年),苏联建国时期的卓越心理学家,主要研究儿童发展与教育心理,着重探讨思维和语言、儿童学习与发展的关系。由于他在心理学领域做出的重要贡献而被誉为"心理学中的莫扎特",他所创立的文化历史理论不仅对苏联,而且对西方心理学产生了广泛的影响。他的理论强调文化、社会对儿童认知发展的影响。

维果茨基的著述甚丰,达 186 种。主要的著作有《心理学危机的含义》(1926)、《儿童期高级注意形式的发展》(1929)、《儿童心理发展问题》(1929—1934)、《心理学讲义》(1932)。1956 年和 1960 年,苏联先后出版了他的两本选集——《心理研究选集》和《高级心理机能的发展》。

维果茨基主张心理学应该坚持科学的、决定论的、因果性的解释原则来研究高级心理机能。他反对将复杂的形式分解为简单的成分,认为这样就失去了整体的属性。

维果茨基理论可以概括为以下五个原理：第一，人从出生起就是一个社会实体，是社会历史产物；第二，人满足各种需要的手段是在后天通过不断学习掌握的；第三，教育与教学是人的心理发展的形式；第四，人的心理发展是在掌握人类满足需要的手段、方式的过程中进行的；第五，人与人的交往最初表现为外部形式，以后内化为内部心理形式。

维果茨基突出强调语言与认知发展的关系，他认为语言具有调节思维与行动的功能。他注意到了幼儿期出现的自我中心语言，强调自我中心的积极作用，认为它能帮助幼儿解决问题。他观察到儿童在遇到困难时，自我中心语言成倍地增加，说明儿童运用自我中心语言帮助其思维，因此他认为自我中心语言具有促进儿童心理发展的功能，他不同意皮亚杰认为自我中心语言最终会消失的观点，他认为并没有消失，而是内化为内部语言。

二、内容简介

《思维与语言》一书研究的是心理学中最复杂的问题之一——思维和语言的相互关系，并总结了维果茨基在发展心理学、教育学和病理学等领域开展的一系列开创性研究。本书深刻地展现了具有高度创造性和缜密思考的智力发展理论，为教育心理学和语言学提供了内部语言的最深刻分析，对后来的心理学家和语言学家产生过重大影响。

本书共七章，分别是问题与方法、皮亚杰关于儿童语言和思维的理论、斯特恩的语言发展理论、思维和语言发生之源、概念形成的实验研究、童年期科学概念的发展、思维和言语。

三、内容解读

（一）第一章：问题与方法

作者提出，以往关于思维和语言的研究表明所有理论不外乎两个方面：一个方面是思维与语言的同一或联合，另一个方面则是绝对的分离和隔断。

认为思维与语言具有同一性的观点中，思维是"言语减去声音"，之后美国心理学家和反射学家认为思维是其运动部分受到抑制的一种反射。这样的观点仿佛简化了思维与语言的关系，把二者看成一样的，唯一的区别在于思维是想说却没说出口的话，语言则是想到并说出口的话。

认为思维的语言是隔断的观点则认为言语是外向的表现形式，是思维的外壳。他们试图把思维从包括词语在内的一切感觉成分中摆脱出来。他们割裂了思维与语言的内在关系，他们令思维和语言彼此独立，以互不相干的方式对其中一方进行研究。

鉴于此，作者提出以往关于思维和语言的研究方法存在错误，要想真正探究思维与语言的关系，则首先要有一个准确可靠的研究方法。

紧接着作者介绍了元素分析和单位分析。元素分析是把复杂的心理整体分解为许多元素,它忽视了研究过程的整体性质。把语言拆分为语音和语义,语音脱离了语义只是声音,语义脱离了语音只能作为一种纯思维,并且脱离了它的物质载体而发展变化。

单位分析的结果保留了整体的基本特性,且言语思维单位可以在词的内部,即词义中找到。在词义中,思维和语言才融合成言语思维。思维存在对现实的概括反映,这也是词义的本质所在。人的思维赋予了词以词义,并以词为载体用语言表达自己的思维。

如果不存在一种符号系统,那么有可能存在的只是最原始、最有限的交际类型。依靠在动物间可以观察到的表达动作来进行交流显然不同于用情感传播产生的交流。

动物到底是用了他们特有的语言在交流,还是通过语调传递自己的恐惧与喜悦?我们不能说动物之间没有语言的交流,只是它们的思维可能没有人类这么复杂。

单位分析方法表明存在着一种词义的动力系统,情感和理智在其中得以联合。也表明了每种思想包含着对思想所指的现实的变形的情感态度。这是目前看来最有可能准确分析思维与语言关系的方法。

(二) 第二章:皮亚杰关于儿童语言和思维的理论

皮亚杰把自己的研究重点放在幼儿的思维特点,不去分析儿童与成人相比在哪些方面不如成人,而是探寻属于儿童特有的思维特点。他认为儿童不是成人的雏形,儿童的心理从一定程度上说也不是成人的心理。

按照皮亚杰的观点,把儿童的一切逻辑特征联系起来的纽带是儿童思维的自我中心主义。他把自我中心主义描述成在遗传上、结构上和功能上处于我向思考和定向思考之间的中间位置。(定向思考是有意识的,它追求存在于思考者心目中的目标,它适应现实并努力影响现实。我向思考是下意识的,它所追求的目标和解决的问题都不存在于意识之中。它不倾向于去确立一些事实,而是意欲去满足愿望,保持严格的个体化。)

皮亚杰声明:"无论怎么说,游戏是自我中心思考的最高规则。"最自发的思维形式是游戏,在游戏中儿童的欲望得以获取,他可以扮演他想要成为的人、他崇拜的人。他可以拿着一张纸说这是手枪,可以指着一块石头说这是我的基地。在儿童七八岁时,游戏在儿童思维中占支配地位,以至于很难区分有意创造与胡思乱想。

皮亚杰通过观察,发现儿童的对话可以分成两组,即自我中心的和社会化的。两者之间的差别主要在于他们的功能。在自我中心的言语中,儿童只关心他自己,他不在意是否有人在听,他们会给予自己所做的事大声思考。自我中心语言除了是一种表述手段和一种解决紧张的手段外,还是一种思维工具。

但斯特恩(W. Stern)提出,皮亚杰未能充分考虑社会情境和社会环境,而忽略了自我中心语言的发生数量还依赖于环境条件。如果儿童的活动多以游戏为主,尤其是单独游戏,那么将会伴随着广泛的自言自语,但如果多以小组活动为主,那么儿童的语言将更多的是社会化的交谈。

如果将这个观点用于成人的世界,就类似于当他一个人遇到问题时,只能自己去想,甚至脑海中有两个小人在打架,只不过孩子会把这个小人打架的过程说出来,而成人更多的是安静地思考。而倘若身边有很多人,那么这个时候往往大多数人会选择向周围的人寻求帮助,进行的是人与人之间的互动交流。

(三) 第三章:斯特恩的语言发展理论

斯特恩区分了言语的三个根源:表达的倾向、社交的倾向和"有意的倾向"。前两种言语根源构成了在动物中可以观察到的言语雏形,但第三种言语根源是人类所独有的。斯特恩在回答为什么和如何获得言语意义时说从有意的倾向中获得意义,也即朝着意义的倾向。处于 1.5 岁或 2 岁的儿童,他们先是意识到每一件物体都有它永久性的象征,即每件物品都有名称。

对斯特恩来说,趋同现象是一个普遍的原则,可以用来解释一切人类行为。但他高估了有机体内部因素的作用,忽略了人格的社会方面。这种偏见是个人至上主义参照框架的直接结果。

(四) 第四章:思维和言语的发生之源

思维和言语的关系经历了很多变化,思维的进展与言语的进展不是同步的,它们的两条发展曲线不断相交。苛勒的实验证明,在动物身上出现的初期智力即严格意义上的思维,与言语并没有什么关系。黑猩猩发出的言辞用以表示各种欲望和主观心态的言辞,是表达情感的,而不表达任何客观的东西。冯特指出,类人猿的某些手势是处在从理解性向示意性过渡的某种形式。

在儿童发展过程中,言语有着前智力的根源。言语的社交功能在第一年里就非常明显,在生命的第二个月里就可以看到对人类发音首次做出特别的社交反应。在 2 岁左右的某一时刻,思维开始由言语表达出来,这是由两种明显的客观征象显示出来的:儿童突然对词语抱有一种主动的好奇心,对每一件新事物都要问"这是什么",由此导致的结果就是他的词汇量迅速、飞快地增加。

通过这些研究发现在某个时刻之前,思维和语言是沿着不同的路线发展,彼此独立,在某个时刻,两根曲线汇合,思维变成了言语的东西,言语变成了理智的东西。

(五) 第五章:概念形成的实验研究

研究概念的方法可以分为两类,一类是定义法,通过儿童给业已形成的概念内容下言语定义来对儿童已经形成的概念进行调查。它是对儿童经验和知识的一种测试。另一类是由研究抽象概念的方法组成,要求儿童在一系列互不关联的印象中发现某种共同的特征,然后从与之相混的其他特征中提取这些共同的特征。

概念形成过程始于最初的儿童期,但是,作为概念形成过程的心理基础的智力功能只有到青春期才得以成熟、形成并发展起来。在那个年龄之前,作者发现了与之即将到来的真正概念功能相似的某些智力形式。这些概念的功能性对应词与真正的概念具有同样的关系。概念形成是一种复杂活动的结果,在这一活动中,所有基本的智力功能都参与了。

儿童在摆脱了熟悉的词语支配性影响之后,才能发展词的意义,并根据他自己的偏好形成复合。尽管儿童的概括是被制约的,但他们的思维仍然根据自身的智力发展水平沿着这条预先规定的道路前进。

(六)第六章:童年期科学概念的发展

一种思维学派认为科学概念没有内部史,也不经历发展,而是通过理解和同化的过程被现成地吸收。实践经验表明,概念的直接教授是不可能的,并且是没有效果的。

儿童需要的是一个从普通语言的上下文获得新概念和词语的机会。非自发的概念的发展必须具有儿童思维在每一发展水平上的一切特性,因为这些概念不是通过死记硬背而被简单获得的,而是在儿童自身艰巨的心理活动的帮助下逐渐发展的。

(七)第七章:思维和言语

在思维的发生学根源和言语的发生学根源之间没有找到特定的相互依存关系,说明在寻找的这种内在的关系并非人类意识的历史发展的先决条件,而是人类意识的历史发展的产物,一个"词"的意义代表了一种思维和语言的混合。

每个词的意义是一种类化或者一种概念,由于类化和概念都是思维活动,因此我们可以把词的意义看作是一种思维现象。词义是动态结构而不是静态结构,他们随着儿童的发展而变化,也随着思维功能的多样化而变化。

四、总体评价

本书从心理学出发,通过对大量的实验和众多心理学家关于思维与语言方面的论点的探讨,提出了关于思维与语言的独到的见解。作者认为思维与语言是儿童发展的关键,教学必须遵循儿童思维与语言的发展规律。

在本书中,人类社会、语言符号、社会互动、劳动工具、文化、历史和高级心理机能都是重要的关键词。

作者的观点来自大量、丰富的观察、实验和比对,很多观点是通过对于不同年龄段的儿童甚至动物(黑猩猩、鹦鹉等)的观察综合分析得到。这些分析和观察得出的结论是:思维和言语的关系经历了很多的变化,思维的进展并不是与言语的进展同步的,不但不同步,这两条发展曲线是不断相交的。

总的来说,这本书是一本专业的心理学著作,涉及大量专业术语,这在一定程度上增加了本书的阅读难度。

五、原文选读

这种分析类型把问题转移到一个更大的概括水平上;它没能为研究思维与语言之间多重形式的具体关系提供任何合适的基础,而这种多重形式的具体关系产生于言语思维在其不同方面发展并起作用的过程之中。

这一方法导致了关于一切言语和一切思维的概括,而不是使我们去审视和解释特殊的例子与短语,并在事件的过程中确定具体的规律。

此外,由于它忽视了研究过程的整体性质,致使我们犯下了严重错误。我们称之为词的音和义的现实联合被分解为两部分,这两部分据假设仅仅依靠机械的联想连接,而那种把词的音和义视作互不相关的元素的观点已经对语言的语音和语义方面的研究造成极大损害。

由于它并未表明言语特有的物理属性和心理属性,而仅仅显示了存在于自然界的一切声音的共同特性,因此把语音仅仅作为声音来对语音进行彻底研究,全然不顾它们与思维的联系,这对于它们作为人类言语的功能几乎没有什么意义。

同样,与语音相脱离的语义只能作为一种纯思维活动加以研究,并且脱离它的物质载体而变化和发展。这种音和义的分离导致了古典语音学和语义学的荒芜。

在儿童心理学方面,言语发展的语音和语义方面同样被分割开来加以研究。尽管对语音发展已经开展了大量研究,然而积累的数据对于理解语言发展几乎没有什么贡献,而且与思维发展的研究结果基本无关。

按照皮亚杰的观点,把儿童的一切逻辑特征联系起来的纽带是儿童思维的自我中心主义。他把他发现的其他一切特征(例如智力现实主义,语言上两个以上不同变化形式的结合,以及在理解关系方面发生的困难)与该核心特征相联系。他把自我中心主义描述成在遗传上、结构上和功能上处于我向思考和定向思考之间的中间位置。

成人的内部言语代表他的"自我思考"(thinking for himself),而不是代表社会适应(social adaption);也即它具有和儿童的自我中心言语同样的功能。它还具有同样的结构特征:没有上下文的联系,对于其他人来说将是不可理解的,因为它省略了对"说话者"来说十分明显的应该"提及"的东西。

这些相似性促使我们提出这样的假设:当自我中心言语消失时,它并没有简单地隐退,而是"转入地下",也即转变成了内部言语。

我们观察到,在儿童这个年龄,当这种转变发生时,面临困难的儿童们便可能一会儿求助于自我中心言语,一会儿求助于沉默反应,表明这两者在功能上可以是相等的。

我们的假设是,内部言语的过程几乎在学龄开始时便得到发展并变得稳定,而且引起了在那个阶段观察到的自我中心言语的迅速减弱。

斯特恩认为,儿童的最初言语既不能从纯理智主义的角度进行解释,也不能从纯情感—意动的角度进行解释。他承认墨伊曼(E. Neumann)在反对理智主义理论中的巨大功绩,儿童的最初言语实际上就是这样称呼物体的。然而,他并未与墨伊曼具有同样的假设,即儿童的最初言语不过表述了儿童的情绪和欲望。

他对儿童最初言语出现的情况进行了分析,通过这种分析,他十分结论性地证实这些言语还包含了指向一种物体的某种方向,而且这种"客观的提及"或指向功能常常"适度地决定了情绪性语词"。

苛勒从来没有给"顿悟"下过定义,也没有详细阐释过它的理论。由于没有理论上的解释,在运用这个术语时就有点含糊不清:有时它意指操作本身的具体特征,也即黑猩猩行为的结构；有时它意指为这些行为做准备的心理过程，也即内部的"操作计划"。

苛勒没有对智力反应的机制提出进一步的假设，但很清楚的是无论这种机制如何发挥作用，无论我们把智力定位在哪里，这个论点是令人信服的，即决定这种反应的不是记忆痕迹，而是视觉上呈现的情境。

如果黑猩猩不能有目的地同时或半同时地领会工具的话，对于解决特定的问题来说，即使最好的工具也无济于事。

华生说，我们不知道儿童的言语组织在什么时刻从有声转向低语，然后再转向内部语言。没有令人信服的理由可以假设，内部言语是通过不断降低言语的可听度，以某种机械的方式发展起来的。

从结构上看，低声耳语与内部言语之间有着深刻的区别，甚至表现不出后者独特类型的倾向。此外，低声耳语直到学龄时才自然地发展，虽然他很可能早就被诱发了：在社会的压力下，一个3岁的孩子可能会在短时间里做出极大的努力来降低嗓音，也就是低声耳语地说话。

对教学的每个科目而言，存在一个儿童对它最易接受而具最佳影响的时期。它被蒙台梭利和其他一些教育家定义为"敏感期"。这个术语在生物学中也被运用，意指在个体发生发展的各个阶段，有一时期有机体对某些事物的影响特别易于做出反应，在这一时期，某种或早或迟均无效果的影响会明显地影响发展过程。

但是，对于一个特定科目的教学来说，最佳期的存在不能用纯粹生物学术语来解释，至少不能用来解释像书面言语那样复杂的过程。我们的调查证明了在此期间高级机能发展的社会性质和文化性质，也就是说，它依赖于成人的协作和教学。

然而，蒙台梭利的资料保存了它们的意义。例如，她发现，如果一个儿童在4～5岁早早地被教授书写，他便通过"爆发性书写"来做出反应，这是一种对书面言语丰富的想象的运用，无法为年龄稍长的儿童所复制。

【参考文献】

1. ［俄］维果茨基. 思维与语言［M］. 李维，译. 北京：北京大学出版社，2010.
2. 罗劲，应小萍. 思维与语言的关系：来自认知神经科学的证据［J］. 心理科学进展，2005(4)：454-465.
3. 吴进善. 维果茨基的语言与思维关系理论解读［J］. 西北民族大学学报(哲学社会科学版)，2016(2)：124-130.

《儿童教育心理学》

推荐版本

书名:《儿童教育心理学》

作者:阿德勒

译者:杨韶刚

出版社:中国轻工业出版社

出版时间:2015 年

一、作者简介

阿尔弗雷德·阿德勒(Alfred Adler,1870—1937 年),奥地利精神病学家,人本主义心理学先驱,个体心理学的创始人,曾追随弗洛伊德探讨神经症问题,但也是精神分析学派内部第一个反对弗洛伊德的心理学体系的心理学家,世界著名的精神分析者,现代自我心理学之父,与弗洛伊德、荣格齐名,世界心理学史中占有重要地位的心理学家之一,心理学界泰斗级人物。著有《自卑与超越》《人性的研究》《个体心理学的理论与实践》《自卑与生活》等。

阿德勒在进一步接受了叔本华的生活意志论和尼采的权力意志论之后,对弗洛伊德学说进行了改造,将精神分析由生物学定向的本我转向社会文化定向的自我心理学,对后来西方心理学的发展具有重要意义。

二、内容简介

本书提出了关于人的自卑感的理论。阿德勒指出,儿童在成长的过程中会出现各式各样的问题,问题儿童的"不良"行为只是问题的表面现象,因此帮助儿童形成正常的、健康的人格是教育儿童的首要和核心问题。

阿德勒指出,人的人格结构形成于童年期,要解决一个人的人格心理问题必须从他的童年着手,孩子的责任感、合作能力、自信心要从儿童期培育。这也就是中国人常说的"三岁看老"。阿德勒以经过实践检验的教育方法指导父母们帮助儿童培养和建立独立、自信、勇敢、不惧困难的品质和积极与他人、集体合作的能力。

本书围绕如何帮助儿童形成正常、健康的人格这一问题,提出了一个全新的教育理念,着重强调要用正确的方法帮助培养孩子的独立、自信、勇敢、不畏困难的品质,以及与他人合作的意识和能力。一句话,培养孩子健全的人格——才是教育孩子的首要目的。

本书共14章,分别为第一章绪论、第二章学习的概述、第三章学习理论、第四章幼儿学习、第五章幼儿游戏心理与教育、第六章幼儿技能学习与教育、第七章幼儿概念学习与教育、第八章幼儿社会性学习与教育、第九章幼儿创造性学习与教育、第十章幼儿园教育活动设计、第十一章幼儿园教育活动指导、第十二章幼儿园教育活动的评价、第十三章师幼互动与教师心理、第十四章亲子互动与家庭教育心理。

三、内容解读

本书贯彻了阿德勒个体心理学理论,主要包括自卑与补偿、追求优越等观点。其理论是在关注个体自我发展的理论基础上发展起来的,密切联系儿童的教育与发展。通过对儿童早期家庭生活直至后期与社会相互关系的研究,阿德勒对儿童教育的若干问题进行了论述。

(一) 儿童教育的实质

阿德勒指出,生命的意义在于三个方面:地球是我们赖以生存的基础;我们与身边的人是普遍密切联系的;人类社会是男女两性的集合体。这三方面分别指向了工作、社会以及婚姻,同时也是个体生命中的三项任务之所在。就儿童而言,教育的实质主要是帮助他们为这三项任务做好充足的准备。

首先,教育应促使儿童明白自己与环境的关系。我们生活的环境,在给予我们大量便利条件的同时也存在着种种限制,我们必须用自己的劳动去创造更适合于人类发展的环境。儿童与环境的关系是儿童教育的出发点,也是儿童发展的基石。明白了这一点,儿童才能更好地开始他们的学习,学习科学文化知识以及基本的生活技能,并对我们的道德与法律规范等有一个基本的认识。与此同时,初步地适应社会生活,在错综复杂的社会关系中找到自己的位置,为日后的工作打下基础。

其次,教育应引导儿童学会与人合作。生命的基本意义在于对他人的兴趣以及与他人合作,在学习中,儿童开始了与他人的合作。家庭关系、同伴关系等是合作的具体表现。我们必须让儿童意识到,他是社会里重要的一分子,但同时他又不能脱离他人而独立生存发展。这种意识是必需的,这样才能使儿童主动地与人合作,帮助他人或者在需要时寻求他人的帮助。与人合作纵横着每一个正常人的一生,所以教育义不容辞应肩负起培养儿童这种能力的责任。

最后，教育应帮助儿童形成性别角色认同与性别化。不难看出，爱情与婚姻也是建立在与人合作的基础上的。阿德勒认为，爱情与婚姻是人类不可或缺的，因为这不仅是有利于两者幸福的合作，而且也是有利于全人类幸福的合作。在人类童年期应努力发展他们的性别角色认同和性别化。

（二）儿童教育的目标

阿德勒指出，每个人都处在他想改变的环境中，所以每个人都有某种程度的自卑感。尤其是儿童，他们的自卑感表现得更为明显。儿童教育，在促使儿童克服自卑感的同时，又要培养他们的优越感，从而健全个体的人格。

根据阿德勒的理论，因器官缺陷而引起的自卑（生理自卑）及其补偿是人格发展的根本动力。并且在研究后期，阿德勒还将心理方面与社会方面的自卑及其补偿也纳入到了他的人格动力系统。

他指出，人在某方面的自卑促使其在这方面加强练习或者在其他面全力发展，从而对自卑进行补偿。补偿是一种健康的反应，如一个严重口吃的儿童最后通过大量的练习而成为一个优秀的演说家。

另外，阿德勒还指出，"每一具有自由意志的行为都始于一种欠缺感，其结果都走向一种满足、安静和整体的状态。"总的可归纳为这样的关系：改变环境的欲望——自卑感——紧张状态——补偿性举动。

在阿德勒看来，对自卑的补偿，主要表现为对优越感的追求。所谓对优越感的追求，即把人格统一于某个总目标。个体一直都处在运动之中，不变地朝着某一个目标发展。这个目标受个体早期各种因素的综合影响，如体格、环境、文化和社会等。

优越感的目标一般都指向发展和自我实现，而且优越感的目标一旦确定，个体所有的行动都将与此保持一致。追求优越是人格的核心和总目标，同时也是人格动力的方向。

（三）儿童教育中存在的问题

社会兴趣是阿德勒个体心理学理论的核心概念之一，同时也是衡量个体心理健康的标准。阿德勒认为："我们无法判断一个人，除非用社会感概念作为一个标准，并以之衡量人的思想和行动。"

在阿德勒的后期理论中，个体与社会是一个有机的联结体。社会兴趣，简明地说，即个体追求社会优越的意愿，是一种完善自己、服务他人、满足社会的思想和倾向。儿童教育，其核心是要培养健全的人。

追求优越是对自卑的补偿，但追求优越的过程中，也可能出现一味追求个人优越而不顾及社会和谐与发展的情况，即出现"优越情结"。社会兴趣的培养不仅要弥补这方面的弊端，而且要立足于人类社会的长足发展。阿德勒认为，社会兴趣是人类本性中不可或缺的成分，并且每个个体都具有这方面潜能，儿童教育即是对这种潜能的开发。社会兴趣是儿童教育的实质能否得到体现的关键，是实现儿童教育目标的基础。

但是,在教育的实际情况中,社会兴趣潜能的开发存在着诸多的制约因素,并且这些因素主要存在于儿童教育的主体——儿童自身。其一是身体缺陷,其二是被娇惯,其三是被忽视。

上述儿童本身存在的三类问题,难免会在这些儿童的教育中造成一定的阻碍,使他们难以形成健全的社会感而无法正确认识自己以及自己在社会中的位置,不能积极主动地与人合作并在与人合作的过程中发挥自己的作用,也不相信自己有足够的能力去迎接社会更多的挑战。

不得不说存在身体缺陷的儿童值得我们的关注,儿童被娇惯也是当今社会一个极为普遍、严重的问题,另外在我国现阶段,部分农村留守儿童、单亲家庭儿童等也存在被忽视的情况。

要想通过教育对他们进行帮助,使教育的积极作用能够得到更好的体现,就必须从他们的实际出发,改变他们对自身以及社会的看法,修正他们处理某些问题的方法。教育应引导他们为处理生活中的各种问题做好准备,帮助他们理解生命的意义并形成正确的生活风格(即个体追求优越感目标的方式)。

(四)阿德勒个体心理学理论对儿童教育的启示

纵观阿德勒个体心理学理论,对儿童教育应该有一个全新的认识。一方面,应重视家庭在儿童教育中的作用。儿童出生以后,最先与其产生相互作用的是其母亲,母亲对个体社会兴趣的培养起着至关重要的作用。通过与孩子的合作而培养孩子的合作感,通过爱的相互作用使儿童学会付出和获得爱。与此同时,父亲以及其他家人也扮演着合作者的角色,一个幸福有效的家庭环境是必要的。

另一方面,学校的作用同样不可忽视。教师在帮助儿童理解合作的重要性的同时,也教给他们一定的谋生本领以及有益于人类的行为方式。儿童进入学校以后,与同伴的交往机会不断增多,开始与同伴共同参与一些活动。儿童的同伴关系是儿童与人合作的一个重要基础,而学校无疑是儿童同伴关系发展的伊甸园。

家庭和学校在儿童教育中具有巨大的推动作用,更好地发挥家庭与学校的教育职能对个体的发展至关重要。具体地,应注意以下几个问题。

首先,应加强儿童早期教育,重视早期经验对儿童未来发展的影响。儿童早期是个体生理、心理发展的黄金时期。5岁左右,个体的生活风格便已基本定型。在生命早期,不同的性格类型开始形成,任何在某种个性里显著的性格特征必定和童年的精神发展方向相一致。

其次,父母、教师应与儿童建立起相互信任与尊重的关系,避免他们用怀疑和不信任的眼光看待周围的人和环境。儿童教育的主要任务之一是引导儿童学会与人合作,建立相互信任与尊重的关系是儿童主动与人合作的必要条件。同时,对父母、老师的信任可以促进儿童对社会的信任。

再次,应注重儿童的主观能动性和创造力的培养,教育儿童从小树立远大的理想。追求优越即是一种对理想目标的追求,个体只有自主地、创造性地确定与其所处环境相适宜的优越感目标才能更大限度地发挥环境的作用和自身的潜能。

最后,应鼓励和肯定儿童,帮助他们树立克服困难的信心。每个人都是存在不足的,自卑可能产生积极或消极的影响。鼓励和肯定儿童,可以帮助他们克服自卑的消极影响,引导他们以积极的心态和坚定的勇气不断向前发展。

随着社会的不断发展,社会对教育的要求在不断地提高,我们对教育的认识也应随之不断地深化。阿德勒的个体心理学理论详细地论述了儿童教育的若干问题以及诸要素之间的联系和相互作用,为儿童教育指明了一条别具特色的道路。其理论的应用,可以弥补当今儿童教育的诸多盲区。

但是,阿德勒个体心理学的理论产生于 20 世纪初,也存在一定的缺陷,一些理论与当今的实际有一定的偏差。他单纯地把社会价值观念以及人的社会性看作儿童发展的心理动力而弱化了其他因素特别是遗传因素的影响,这显然是与现代教育理论相冲突的。并且,针对儿童教育中存在的一些问题,阿德勒提出的解决之道比较笼统,也有待心理学与教育学工作者们的进一步探究。

四、总体评价

《儿童教育心理学》是一本儿童心理学研究的传世之作,畅销 70 年,在欧美产生了巨大的影响,影响了万千家庭。这是一本能看懂孩子的心灵密码,家长必备的亲子教育进阶攻略。对于孩子的教育问题,是一门大学问,也是一门艺术。

这本书是一本教育指南,用通俗的理论,结合事例,向读者传授教育之道。书中涉及的如何引导儿童追求优越感、如何预防儿童的自卑情结、青春期和性教育等都是养育孩子过程中非常常见的问题,也是作为家长很头疼的问题,不知道如何引导,也不知道哪种方式最为有效,这本书是一本很好的指导手册。书的最后还有两个附录可以参考,一个是个体心理问卷,一个是五个孩子的案例及其评论。

在当今的中国,对于为人父母者或者老师,或者所有关心或从事儿童教育工作的人,本书也具有极大的启迪。其学说以"自卑感"与"创造性自我"为中心,并强调"社会意识"。主要概念是假想的目的论、追求卓越、自卑与补偿、社会兴趣、生活风格、创造性自我。这本书继承和发扬了弗洛伊德的精神分析理念,但其基本观点与之大相径庭。

五、原文选读

如果我们愿意,我们就可以让儿童自发的发展,如果他们有两万多年的时间可以发展而且有一个很合适的环境,那么,他们最终就会接近成人的文明标准。这种方法是不可能实现的,成人则必然会对指导孩子的发展感兴趣。

在考虑人格建构的时候,需要注意的缺陷就是,其统一性、其独特风格和目标并不是建立在客观现实的基础上,而是建立在个体对生活事实所持有的主观看法的基础之上。

自卑感和追求优越必然是人类生活中具有相同基本事实的两个方面,因而是不可分离的。

在儿童正常发展中社会情感是至关重要的和起决定作用的因素。导致社会情感或公共情感减少的任何障碍，都会对儿童的心理成长产生极其有害的影响。社会情感是衡量儿童是否正常发展的晴雨表。

对儿童来说，学校是一种新的环境。因此，学校将要揭示出儿童是否做好了面对新环境的充分准备，尤其是要检验他为了和一些新的人打交道所做准备的程度如何。

正如我们已经观察到的，那些犯罪分子，尽管表面上看起来不顾一切、勇敢无畏，但归根结底是很虚弱的，所以我们可以看到，儿童是怎样在不太危险的情境下通过各种微小的行为迹象，暴露出他们的虚弱感。

通过对各种不同症状的探讨，并把它们联系起来，心理学家就可以在经过若干次实践之后，组建起一种人格理论体系。

举一个儿童的例子，这个儿童只为一种情境做好了准备，即有人关注的焦点完全集中在他身上，突然一种相反的情况发生了：这个儿童要上学了，在学校里教师必须把注意力平均分配给每个学生，当某个儿童要求比现在更多的关注时，那么自然会惹怒教师。

当我们认识到事情的真实面目时，我们必须承认，抓住孩子的这一次或另一次过错并给予惩罚，是毫无用处的。

关于人类本性的另一个最重要的心理事实就是对优越和成功的追求。这种追求当然与自卑有直接关联，因为，如果我们没有感受到自卑，我们就不会有任何想要超越当下情境的愿望。

雄心过分膨胀就会导致某种紧张状态，短时间内儿童可以忍受，但最终会表现出一些迹象，这种压力实在是太大了。

如果有机会进行仔细观察，我们就会发现，这种竞争性的儿童有时会形成一些不太受人喜欢的人格特质。他们变得既羡慕又嫉妒他人，而独立、和谐的人格则不会有这样的品质。看到其他儿童获得了成功，他们会感到恼怒不已。

诚然，并非所有的儿童都会因此而一蹶不振，但的确有许多儿童在这种令人沮丧的情况下放弃了努力。由于他们不明白自己的真实处境，也没有人向他们解释怎样克服这些困难，所以他们很难坚持不懈地奋斗下去。许多人之所以字迹潦草模糊，难以辨认，就是因为他们从未充分地接受过用右手写字的训练。

无论左利手的人在性格特征上显得多么没有意义，它仍会给我们带来某些具有重大意义的教育启示，也就是说，除非我们把这种儿童的勇气和毅力提升到一定的程度，否则我们无法对这种儿童的能力做出任何决定性的判断。

当我们吓唬他们，夺走他们对美好未来的希望时，在我们看来，他们仍然能够继续前行。但是，如果我们提升了他们的勇气，那么，这类儿童就有可能取得更大的成就。

如果我们把个体心理学的主要观念牢记在心，即每一个个体的人格（包括儿童和成人）都是一个统一的整体，而且，这种人格的行为表现必然与这个儿童逐渐形成的行为模式相一致，那么，以上所有这些问题也就变得明朗了。

由此可以看出，我们不仅掌握着学校儿童的命运，而且会影响每一个个体未来的发展。由学校所实施的教育和训练以某种至关重要的方式决定着个体的未来生活。

学校的地位介于家庭和社会生活之间，学校有可能矫正孩子们在家庭教育中形成的一些错误的生活风格，也有责任使儿童为适应社会生活做好准备，确保儿童在社会这个大乐队中和谐地扮演好自己的角色。

教育工作者千万不要忽略儿童身上任何一点诸如此类的显著成就，而应该把它作为一个突破口，鼓励孩子们在其他活动领域取得进步。

当教育工作者从鼓励儿童取得成功出发，并且通过这种方法，使儿童相信他也能够在其他事情上获得同样的成功时，教育工作者的任务就会轻松多了。这样做是很有诱惑力的，犹如把儿童从一个硕果累累的果园吸引到另一个丰硕的果园。

他们这种自我低估并不完全归咎于他们自己。周围的环境对推动他们沿着这条错误的道路前进也起了推波助澜的作用。

在家里如果有人为孩子而生气发怒，往往会预言说孩子的前景黯淡，或者骂他们愚笨、毫无用处。

当这些孩子在学校里发现了这种责骂得到应验的现象时，他们往往缺乏判断力和分析能力（他们的长辈也常常缺乏这些能力）来纠正这种错误的看法。因此，甚至在他们尝试做出努力之前，他们就已经放弃了努力。

他们把由自己造成的这种失败视为不可逾越的障碍，是对他们自己无能或自卑的一种证明。

他们可能会伪造家长签字、篡改成绩报告单。他们可能会在家里编造一系列的谎言，捏造他们在学校里表现出来的行为，实际上他们已经逃学有一段时间了。在学校里上课的时候，他们也不得不找个地方躲藏起来。

通常，他们会在这些藏身之地发现其他一些早已躲藏在此的孩子。所以，在经历了旷课逃学之后，这些儿童对优越的追求显然无法得到满足——这就驱使他们采取进一步的行动，也就是采取违法的行为。

他们在这条道路上越走越远，最后成为非常老练的罪犯。他们开始组建团伙，开始偷窃，学习性倒错行为，他们觉得自己已经长大成人了。

凡是和教育打过交道的人都很熟悉这个古怪的事实，即我们经常会在教师、牧师、医生和律师家庭里发现一些任性的孩子。

这种情况不仅发生在那些职业地位不太高的教育工作者的家庭里，而且会发生在我们认为其观点对社会有举足轻重影响的家庭里。尽管他们拥有很高的职业权威，但他们似乎没有能力为自己的家庭带来安宁和秩序。

作为教育者的父亲借助于他自以为是的权威，将自己制定的严格规则和规定强加于全家人。父亲对孩子造成了过分严厉的压迫，也对孩子的独立造成了威胁，甚至根本不允许孩子有独立的想法和行为。

父亲似乎在孩子身上唤起了一种情绪，强迫他们对这种压迫进行报复，这种报复之心根源于他们自己挨打的记忆。

那些对社会情感观念丝毫都不了解的儿童就会变成问题儿童。他们之所以会成为问题儿童,是因为他们的优越的追求没有被引向有益的方面。

在儿童受到过分保护和溺爱的情况下,还没等他说出自己的愿望,他的每一种愿望就被视为神圣的,而且得到了满足(就像人们对待聋哑儿童必须要做的那样)。

身体受伤和感到害怕,不可能成为他口吃的原因,但生活中这种或那种经历可能确实让他失去了勇气。

他开始有意识地控制其言语表达,而正常讲话的儿童通常不会这样做。

千万不要相信以下这种看法:我们能够通过使孩子感到丢脸或受到羞辱,让一个孩子的行为发生真实的改变,即便我们确实发现,那些害怕受到嘲笑的孩子似乎改变了他们的行为。

当一个孩子丧失了对未来的信心时,其结果就是,他会从现实中退缩,就会在无用的生活方面形成一种补偿性的追求。

听到如此刺耳的骂声,很少有儿童不会因此而受到伤害。但是,也有一些儿童会通过贬低自己的能力来自我保护。

尽管我们可能会做出错误的判断或解释,但从儿童的眼神中我们很容易判断出一个儿童待人是否友善。

决定儿童发展的因素既不是他内在天赋的能力,也不是客观的外部环境,而是儿童对外部现实做出的解释,以及他对自己与现实之间的看法。

我们要用儿童自己的视角来看待他们的处境,用儿童自己错误的判断来理解他们。

【参考文献】

1. [奥]阿德勒. 儿童教育心理学[M]. 杨韶刚,译. 北京:中国轻工业出版社,2015.
2. [奥]阿德勒. 儿童教育心理学[M]. 王童童,译. 北京:中华工商联出版社,2017.
3. [奥]阿德勒. 儿童的人格形成及其培养[M]. 韦启昌,译. 北京:北京大学出版社,2014.
4. 杨远波. 论阿德勒个体心理学理论在儿童教育中的应用[J]. 四川教育学院学报,2009(8):97 - 98.

《教育科学与儿童心理学》

推荐版本

书名:《教育科学与儿童心理学》

作者:皮亚杰

译者:杜一雄,钱心婷

出版社:教育科学出版社

出版时间:2018 年

一、作者简介

让·皮亚杰(Jean Piaget,1896—1980 年),瑞士人。近代最有名的儿童心理学家,提出了认知发展理论。曾到过许多国家讲学,获得几十个名誉博士、荣誉教授和荣誉科学院士的称号。著有《儿童智力的起源》《儿童对现实的建构》《儿童象征性的形成》《教育科学与儿童心理学》《发生认知论导论》等,创办了《瑞士心理学》杂志。

让·皮亚杰的父亲是一位大学教授,重视培养皮亚杰的科学观念。皮亚杰的母亲是一位虔诚的宗教徒,她坚持让皮亚杰接受严格的宗教训练,这使得皮亚杰有机会去接触与思考有关哲学和科学的知识,进而有了自己独到的思想与见解。

1915 年,皮亚杰获得纳沙特尔大学生物学学士的学位,随后,他继续攻读生物学博士学位,并同时攻读哲学博士学位。在纳沙特尔大学读书期间,对哲学、生理心理学和逻辑学富有兴趣。他认为生物学和哲学的融合是通向认识论的捷径,进而对儿童思维的发生与发展的研究产生兴趣,从而开始转向心理学。1918 年,他获生物学和哲学双博士学位。同年,皮亚杰去苏黎世在烈勃斯和雷舒纳的心理实验室工作,并在布鲁勒精神病诊疗所学习精神分析学说。1919 年,皮亚杰到巴黎大学,学习病理心理学,并学习科学的逻辑学和哲学,1921 年获得法国国家科学博士学位。

皮亚杰主张教育学的根本任务,在于让儿童得到全面性的发展,使每个儿童都能有完善的人格。皮亚杰提出了同化、适应、平衡、图式、结构的机制,并将儿童发展阶段分为感觉—运动阶段(0～2 岁)、前运算阶段(2～7 岁)、具体运算阶段(7～11 岁)、形式运算阶段(11 岁以后)四个阶段。

二、内容简介

《教育科学与儿童心理学》一书是由皮亚杰前后相隔 30 年的两篇论文构成的。第一部分"1935 年以后的教育和教学"写于 1965 年,第二部分"新方法及其心理学基础"写于 1935 年。

他在 1935 年的文章里讨论了三个非常重要的问题:首先,他探讨并定义了教育新方法与传统方法的根本区别,即体现在对儿童与成人社会之间的关系定位上。新方法关注和承认儿童时期的价值,儿童就是儿童,是成长的个体,有其特有的心理运转规律和心智发展固有的自发活动。其次,皮亚杰阐述了对教育新方法进行标识的另一个维度,即从心理学角度对儿童主动性提供积极解释。最后,皮亚杰探讨了新方法的重要教育原理及其心理学依据,并提出了认知发展理论的一些重要概念——同化、顺化、图式等。

在阐明智力发展的过程与本质之后,皮亚杰又提出了儿童的认知和智力发展是有特定的顺序和阶段的,共包括四个阶段。

第一阶段:感觉—运动阶段(出生到 2 岁)。处于这一时期的婴儿只依靠感觉和动作来理解和认识周围世界的环境。只有到了这一阶段的后期,活动才开始内化,形成代表具体事物的表征符号。

第二阶段:前运算阶段(2 岁到 7 岁)。儿童在两岁时,他们的活动不再以主体的身体为中心,这个时期的儿童能使用符号(如词、头脑中的形象)来理解世界。思维是以自我为中心的,一直到这个阶段的后期,儿童才能考虑到他人的想法。

第三阶段:具体运算阶段(7 到 11 岁)。儿童获得大量的心理操作能力,如多重分类、逆向、序列以及守恒。通过这些动作,他们能够以不同的方式操作符号。逻辑思维在这个时期出现了,但仍主要与具体事件而不是与抽象概念相联系。

第四阶段:形式运算阶段(11 岁以后)。儿童在这一时期能够进行包括抽象和逻辑推理在内的智力活动。他们不必经过实际操作就能想出大量的解决方案,他们有能力在完全假定的情境中解决问题,思考越来越基于想法而不是具体事物。

在提出以上重要理论后,皮亚杰又写了一篇概览性文章——《1935 年以后的教育和教学》(《教育科学与儿童心理学》第一部分)。他追溯了从 1935 年至 1965 年这 30 年间西方教育和教学的发展情况。

他指出一个尴尬的现象：相较于此间儿童心理学和社会学的深刻变革，教育科学的进展非常缓慢，跟不上社会和时代发展对教育的需要。

主要原因在于，其一，教育学的发展极大地受到其支撑学科本身发展情况的制约；其二，整个社会对中小学教师的身份和角色有一种根深蒂固的误解，认为他们只是简单易懂的基础知识的传递者；其三，中小学教师的培养机制存在很大缺陷，只注重教学内容的培训，而忽视教学方法的培训与研究；其四，教师必须遵守国家统一教学大纲甚至教学方法要求，缺乏一定的教学选择自主权。

三、内容解读

（一）1935年以后的教育和教学

1. 第一章：教学的发展

对于"教学团体与科研"这一主题，皮亚杰指出，在我们的社会中，教育工作者的职业还并未达到其在思想价值等级上应得的社会地位。相较之下，中小学教师缺少一种学术声望，这是由多种条件导致的。

总体而言，理由是没有人把教师当作兼顾专业技能和科学创新的专家，而是认为他们只不过是简单易懂的基础知识的传递者——不仅其他人这么认为，更糟糕的是教师群体自己也对此深信不疑。

2. 第二章：儿童心理学及青少年心理学的进展

对于"智力的形成和认知的主动性"这一主题，皮亚杰认为，智力的主要功能在于理解与创造，也就是在对现实结构化的基础上构建认识的结构。事实上，这两种功能表现得越来越密不可分，因为如果要理解一种现象或一个事件，就要重新建构一个相关事件向已知事件转变的结构，这其实就包含了一些创造或再创造的意味。

如果说关于智力的旧理论（联想心理学等）将全部重点放在了理解上面，并把发明创造看作对已经存在的现实的发现，那么越来越注重事实论证的新理论反而认为理解是从属于创造的。而所谓创造，就是整体上各种结构的不间断地结构化。

3. 第三章：一些学科教学的发展

对于"哲学的教学"这一主题，皮亚杰认为，如果智育的主要目的是培育精神，那么显然哲学思考就构成其中的一个重要方面，无论是对那些我们想要启蒙数学演绎和实验方法的学生，还是对那些偏向人文历史学科的学生，都是如此。

有些人认为，哲学是一种严格意义上的知识的形式，其性质是类科学或超科学的。另一些人认为哲学思考的结果必然是构建知识。科学精神和哲学精神可以用实证主义的方式或"逻辑经验主义"的方式来调和。

4. 第四章：教学方法的演变

对于"主动学习法"这一主题，皮亚杰认为，主动学习法要比惯常的接受式教学法应用起来更加困难。主动学习法是要求教师认真细致地因材施教。

更重要的是，主动学习法的应用前提是要有深入而充分的教师培训。如果对儿童心理学缺乏必要的了解，教师就很难理解儿童自发的反应过程，反而认为那些反应是微不足道而且是在浪费时间的,更不用说会加以利用了。

5. 第五章:教育的量变与教育规划

皮亚杰指出,学生数量的增长不仅源自人口的增长,还源自社会公平方面的进步。对于量化数据的意义问题并没有统一的看法,这些数据的存在只是证明了问题的存在,但并非找到了解决的方法。除了量变以外,也发生了一些结构性的改革。

无论这些改革是出于整体的规划,还是规划外的结果,都是由多种因素共同推动的,而其中最主要的因素无疑是科技革命以及社会和教学领域的民主化大趋势。

决定改革成效的并非只是改革的目的、各机构的执行力等方面,如果在对目的论进行改革的同时不进行方法论上的改革,即便最成功的规划也不会有好的未来。

6. 第六章:结构改革、教学大纲和指导问题

对于"学前教育"这一主题,皮亚杰认为,本着智力首先来自行动和感觉—运动功能的发展这一精神,1939 年的部长级《建议》倡议学龄前教学"采取感觉—运动教育理念",等到小学阶段再"系统地学习阅读、拼写和算术"。

但是《建议》中也具体解释了,只有在利用合适的教具并且借助足够的自发活动的条件下,这些感觉—运动的操作才能使儿童"习得数字和形状的概念"。

另外还要加上一点,这一阶段的活动除了能够启蒙对数字和形状的直觉之外,还在为逻辑运算自身做准备,因为在形成语言之前,逻辑是建立在动作的整体协调的基础上的。

7. 第七章:教育事业上的国际合作

对于"教育领域的国际合作的产生与发展"这一主题,皮亚杰认为,在联合国的保驾护航之下,联合国教育、科学及文化组织(联合国教科文组织,UNESCO)宣布成立,其中一个核心职能从一开始便是教育和教学领域的合作。

联合国教科文组织首先是一个执行机关,而且在教育领域,它是唯一一个同时拥有财政和政治资源的机构。不过这丝毫不意味着教科文组织不进行研究,因为在发起行动之前,开展有关的研究是必要的,而且说它自身并不为研究而研究,除非教科文组织认为有必要通过组织研究来推动一些有益的倾向:在社会科学领域就是如此,教科文组织的社科部门会出版非常生动的期刊,并提供一些使用的研究案例。

然而,在教育学的许多领域,由于问题既繁重又急迫,教科文组织发起了一系列国际活动,正如人们所期待的那样。

8. 第八章:小学和中学的师资培训

对于"小学师资的培训"这一主题,皮亚杰认为,各个国家一般都有三种培训小学教师的系统:师范学校(无论是否寄宿)、中等教育学院和高等教育大学或学院。

师范学校招致批评的原因主要有两点。首先是将全体小学教师封闭在一个与世隔绝的环境里,即创造了一个封闭的社会团体。其次,我们在师范学校内部提供一切教师最终上课所需要的知识,不论人们愿意与否,这种做法实际上限制了学生的文化发展,原因是它缺少与其他相关行业的交流。

中等教育学院试图通过将培训分为两个阶段来解决这些问题,第一阶段是中等

层次的一般教育,事先在普通学校接受完毕,第二阶段是学院独有的专业教育。

（二）新方法及其心理学基础

1. *第九章：新方法的诞生*

对于"新方法和心理学"这一主题,皮亚杰认为,具体的科学发现一步步带来了工业技术的革新,现代教育学却不是以这种方式借鉴的儿童心理学。确切地讲,是心理学研究的整体精神,甚至还有它的观察方法,在从纯粹科学的领域过渡到学术实验领域的过程中,带给了教育学崭新的活力。

简言之,在科学观察自身的领域,通过实验进行观察,是对过于简单化的机械主义的反抗,大家普遍都在努力地对精神的发展做出更为精准的推理,所凭的方法既有质化也有量化的研究。

2. *第十章：教育原理与心理学的论据*

对于"社会化的过程"这一主题,皮亚杰认为,儿童间合作的重要性丝毫不亚于成人。从智力角度看,这种合作最能够促进思想的真正交流,引发带有批判性、客观性及含有推论和反思的讨论。从道德角度看,这种合作构成一种对行为准则的真正的演练,而不仅仅是对外部规则的遵守。

换言之,社会生活通过学生间有效的合作和团体的自治渗透到班级中去。这实际上就是我们之前描述的新式学校活动的理想典型：社会生活是道德在行动中的表现,"主动"工作是智力的体现。而且,合作还可以创造一系列特别的价值,比如建立在平等基础上的正义和"有机的"团结。

四、总体评价

皮亚杰虽然谦称自己不是一名教育家,但他对教育学及教育改革的发展所发表的见解却独到而精辟。他是当代著名心理学家中对世界教育影响最大的一位,以他为代表的日内瓦学派是当代对教育最有实际影响的一个心理学学派。

本书体现出皮亚杰致力于把儿童心理学和教育科学加以统一的努力,成为当代西方结构主义教育流派的代表作。

当然,他的心理学理论和教育思想也不可避免地带有局限性。比如,皮亚杰低估了学前儿童的智力发展水平而高估了青少年的智力发展水平；忽视了宏观社会环境对于个体智力发展的制约性作用。

在后来者对皮亚杰的诠释与验证、补充与修订、丰富与发展中,甚而产生了"新皮亚杰主义"的派别。他们将皮亚杰对教育科学提出的一些纲领性的命题付诸研究和实践,大大发展了儿童早期教育、科学教育等领域。

作为一个集大成者的心理科学家,皮亚杰对教育科学始终抱有敬畏心理,并对其发展前途充满信心。他强调教育科学的研究必须与心理学以及其他学科的研究结合起来,这对于我们思索教育科学的性质和未来发展问题启示良多。

五、原文选读

教学的目的是什么？是积累有用（又是在什么意义上的"有用"）的知识吗？是为了学会学习？是为了学会创新，产生各种领域的新想法？还是为了追求学问？抑或是为了学会检验、证实知识的掌握或为了简单的重复？等等。

诚然，下一代的教育究竟以何为目的，应当由社会来决定；社会也总是不容置疑地这么做了，方式主要有两种。社会首先借助用来自我维护与转化的多种代代相传的集体活动，通过语言、风俗、观念、家庭和经济等途径，塑造新的一代。之后，根据相关教育的具体类型，再通过国家机器或特定机构来决定教育的目的。

似乎智力的问题以及教学方法的核心问题，与认识论中关于知识本质的基本问题联系在了一起：知识究竟是现实的拷贝，还是心智在解构不断变化的现实基础上演化出的认识结构？

我们以为通过把过去实验的成果传授给学生，或者在他们面前演示实验过程，就可以算是合格的实验训练了，而这简直就像通过让人在岸上看别人游泳来学习游泳技能一样。的确，大规模授课的形式通常会以实验室的课程作为补充，但是重复前人做过的实验，会使得学生离创新精神和实证精神又远了一步。

不言自明地，如果我们局限于口头讲授和被动吸收的教学方法，那么这种实验必然是成功的。有些多愁善感的人杞人忧天地担心教师会被机器所取代。但是正相反，这些机器首先帮了我们一个大忙，那就是毫无保留地将传统教学法中教师工作的机械性暴露了出来：如果这种教学方法的理想状态就是让学生正确地重复之前讲授的知识，那么机器的确能够满足这些要求。

这样设计的学习机器已经取得了可观的成功，并催生出了一个繁荣的产业。在一个学生数目剧增、教师人手短缺的时代，这种机器无疑能为我们所用，且和传统教育相比也为我们节省了许多时间。不仅学校，当企业出于各种原因需要对成人进行快速培训时，也在使用这些机器。

整体意义上来讲，所有的学科都在包含一套现成知识体系的同时，又能够进行各种该研究和重新发现，那么在死记硬背部分和自主活动部分之间，我们能够想象有一种平衡存在，只是其程度会根据学科的不同而变化。在这一点上，使用学习机器有可能比传统方式花费的时间更少，从而把省下来的时间用于学生活动。

活动用于需要互动和相互监督的小组学习，机器则承担起个体化的学习任务，这种平衡又会促成智力活动所要求的集体方面和个人方面的平衡，这对于和谐的学校生活来说是必不可少的。

国家明明有那么多需要解决的问题，却总是立即处理教育改革的事情。因为人类的社会生活主要建立在上一代对新生代的培养上，即外在的、教育性的传递，而不是内在的、遗传性的传递。

一个政体如果想要站稳脚跟并且自我保存，它首要关心的就是学校的教育，这是政府能够利用的最直接的途径，通过教育影响千家万户。

　　在这些几乎所有国家都在关注的主要问题的背后,还存在着一个同样重要但人们研究不多的问题,这就是学业负担过重的问题:由于知识和技术的发展是不间断的,而人们在不忽视普通文化常识教育的同时又想要掌握一切潮流,这在许多情况下造成了教学大纲不能承受的负担,终将揠苗助长,损害学生的身体与心灵健康。

　　这个问题在医学和心理学领域引起的重视甚至有时候多过在教育当局,而且它和另外一个中心议题有关联,即学校教授的东西是否都是有用的?

　　在原则上,学生的发展方向是交由家长和老师来决定的。法国的系统规定,全体教师会组成一个"指导委员会",来制定给学生的建议。不过这些建议并不是强制的。

　　如果听从建议,学生就可以直接进入指定的专业或机构学习。如果家长的选择和委员会的推荐相左,学生有权去家长选择的那所学校报到,但是要经过入学测试才可以。

　　如今,教育领域的国际合作已经变得非常自然。举一个例子来讲,几乎每年国际公共教育会议票选出来的每份建议中都有一部分内容专门用来探讨"国际互助""国际合作"或者"问题的国际方面"。这些题目可能根据不同的情况而变化,其中内容涉及拨款、农村地区入学率、学校建设、数学教学、智力残疾儿童的特殊教育、整体大纲、教育规划等。

　　教科文组织政策的英明之处在于,它借助而非吞并已经存在的机构,或处于专门的目的创立新的机构,并授予它们思想上、行政上和财政上的自主性。它和国际教育局的紧密联系即来源于此。此外还有一个协议将国际公共教育会议置于两个机构的联合管辖之下。

　　只有实现科学界、教育当局和实际实践者三方对话的那一天,我们才可以说教育领域的国际合作是完整的。

　　在1935年以后教育和教学的图景中,放眼我们曾经探讨过的问题,没有一个不是迟早要和教师培训联系起来的。如果没有大量优秀教师的储备,再漂亮的改革方案也只能被搁浅。

　　儿童心理学能够丰富事实数据和我们对发展机制的认识,如果教师们没能吸收这些事实或概念并创造性地加以应用,这些研究就永远不会被学生所用。

　　从知识学习难度和知识概念的客观重要性的双重角度看,如果我们采用心理学乃至认识论的观点,而不是凭借行政方面的常识,我们实际上可以认为,学生越是年纪小,教学就越是困难,对其未来的影响也就越大。

　　教育教学的进步与教育科研的发展,使关于儿童及儿童教育的科学前所未有地构成了一个无限宽广的领域。教师也不再是一个简单的个体,而成为一种超越情感的、被人们既尊崇为艺术又尊崇为科学的特殊行业。

　　儿童被认为具有一种特有的发展动力机制,其精神的发展也包括在动力机制之内,也就是说,接受教育的主体和社会之间的关系是相互的:儿童逐渐达到成人的状态,依靠的不是听取一套行为准则和道理,而是从他的个人努力和亲身经历中去懂得这一切;相对地,社会也希望其新一代的发展是丰富的,而不是对上一代的简单模仿。

教育要使个人适应于周围的社会环境。新方法试图利用儿童特有的规律和心智发展固有的自发活动来促进这种适应过程，并且认为社会会因此变得更加充实。

只有当我们从以下四个方面来仔细分析它的原理并检验其心理学价值的时候，我们才能理解新式教育的手段以及应用。这四个方面是：儿童时期的重要性、儿童思维的结构以及儿童社交生活的发展规律和发展机制。

【参考文献】

1. ［瑞］皮亚杰. 教育科学与儿童心理学［M］. 杜一雄，钱心婷，译. 北京：教育科学出版社，2018.

2. 陈瑶. 心理学家皮亚杰对教育科学的建议——《教育科学与儿童心理学》导读［J］. 教育科学研究，2015(3)：73-76.

3. 王光荣. 发展心理学研究的两种范式——皮亚杰与维果茨基认知发展理论比较研究［J］. 华中师范大学学报(人文社会科学版)，2014(5)：164-169.

附录:思维导图

一、《教育漫话》思维导图

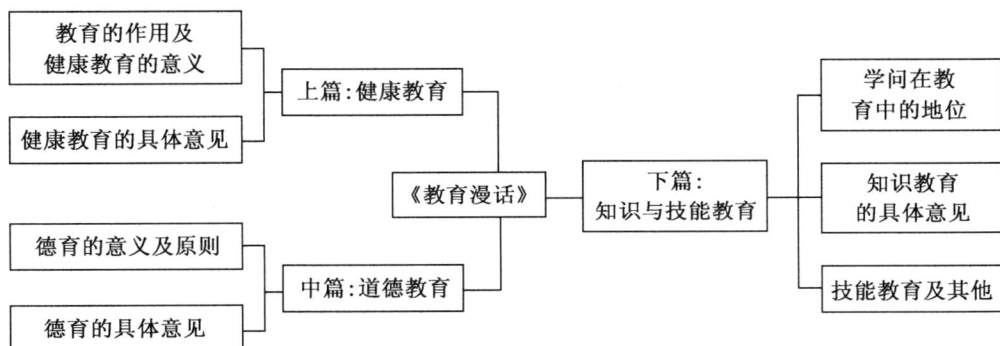

```
教育的作用及
健康教育的意义 ┐
            ├─ 上篇:健康教育 ┐                    ┌─ 学问在教
健康教育的具体意见 ┘              │                    │   育中的地位
                            ├─《教育漫话》─ 下篇: ─┼─ 知识教育
德育的意义及原则 ┐              │        知识与技能教育 │   的具体意见
            ├─ 中篇:道德教育 ┘                    └─ 技能教育及其他
德育的具体意见 ┘
```

二、《学会生存:教育世界的今天和明天》思维导图

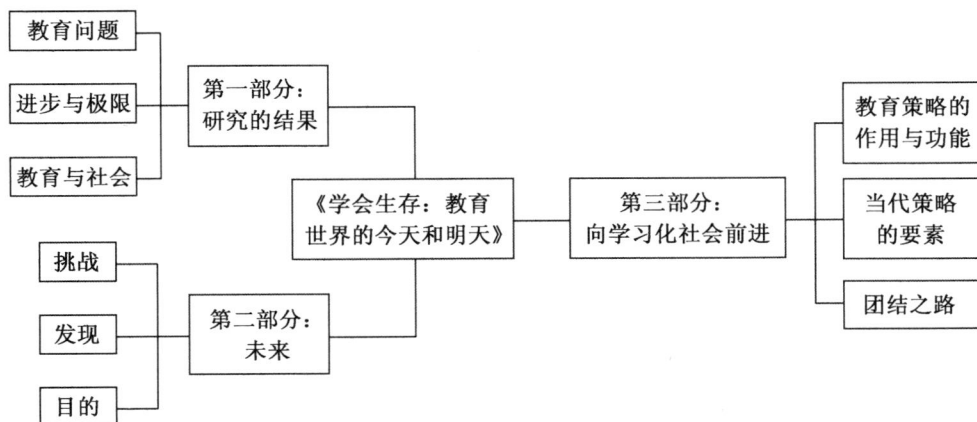

```
教育问题 ┐
       │                                          ┌─ 教育策略的
进步与极限 ├─ 第一部分: ┐                            │   作用与功能
       │   研究的结果 │                            │
教育与社会 ┘          ├─《学会生存:教育 ─ 第三部分: ─┼─ 当代策略
                    │   世界的今天和明天》 向学习化社会前进 │   的要素
挑战 ┐              │                            │
   │              │                            └─ 团结之路
发现 ├─ 第二部分: ┘
   │   未来
目的 ┘
```

三、《童年的秘密》思维导图

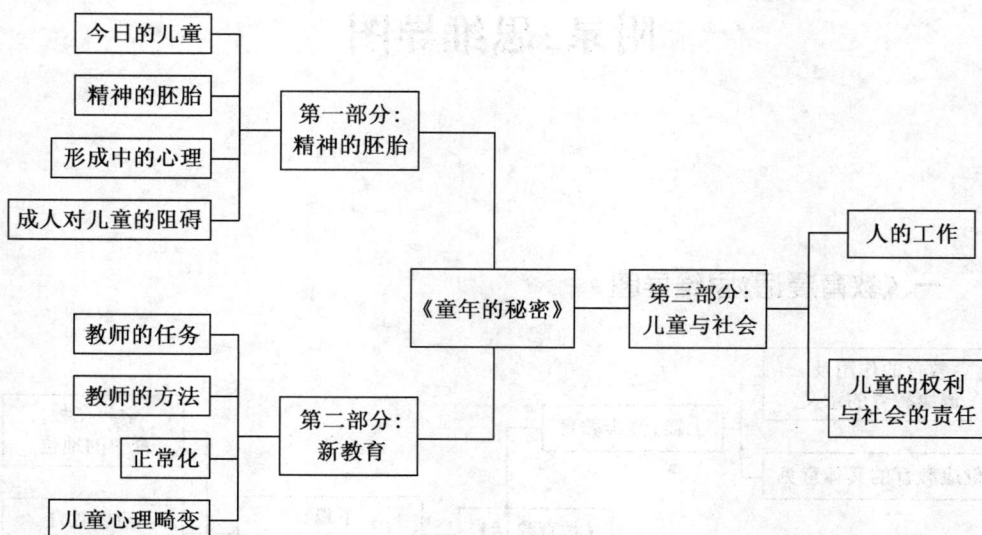

```
今日的儿童 ┐
           │
精神的胚胎 ┤    第一部分：
           ├──  精神的胚胎 ──┐
形成中的心理┤                │
           │                │
成人对儿童的阻碍┘            │
                            │                         ┌── 人的工作
                《童年的秘密》──  第三部分：──┤
                            │    儿童与社会  │
教师的任务 ┐                │                │
           │                │                └── 儿童的权利
教师的方法 ┤    第二部分：  │                     与社会的责任
           ├──  新教育  ────┘
正常化     ┤
           │
儿童心理畸变┘
```

图书在版编目(CIP)数据

中外幼儿教育名著选读 / 胡伟,田燕编著. — 南京:
南京大学出版社,2020.8(2025.1重印)
　ISBN 978-7-305-23415-6

　Ⅰ. ①中… Ⅱ. ①胡… ②田… Ⅲ. ①幼儿教育—名
著—介绍—世界 Ⅳ. ①G61

中国版本图书馆 CIP 数据核字(2020)第 097961 号

出版发行　南京大学出版社
社　　址　南京市汉口路 22 号　　　　　邮　编　210093
书　　名　**中外幼儿教育名著选读**
　　　　　ZHONGWAI YOUER JIAOYU MINGZHU XUANDU
编　　著　胡　伟　田　燕
责任编辑　丁　群　　　　　　　　　编辑热线　025-83597482
照　　排　南京南琳图文制作有限公司
印　　刷　徐州绪权印刷有限公司
开　　本　787 mm×1092 mm　1/16　印张 11　字数 262 千
版　　次　2020 年 8 月第 1 版　2025 年 1 月第 5 次印刷
ISBN 978-7-305-23415-6
定　　价　32.80 元

网址:http://www.njupco.com
官方微博:http://weibo.com/njupco
微信服务号:NJUyuexue
销售咨询热线:(025)83594756